# *A hora do*
# RESGATE

TRIGUEIRINHO

# *A hora do* RESGATE

Editora
Pensamento

Catalogação na fonte da 5ª edição, 2011.

6ª edição 2013.



*Os recursos gerados pelos direitos autorais de todos os livros de Trigueirinho são revertidos na manutenção de centros espirituais.*

**Dados Internacionais de Catalogação na Publicação (CIP)**
**(Câmara Brasileira do Livro, SP, Brasil)**

Trigueirinho Netto, José
A hora do resgate / Trigueirinho. – 5. ed. – São Paulo : Pensamento, 2011.

ISBN 978-85-315-0312-2

1. Ciências ocultas. I. Título.

10-12908 CDD: 133

Índices para catálogo sistemático:
1. Ciências ocultas 133

Direitos reservados EDITORA PENSAMENTO-CULTRIX LTDA.
Rua Dr. Mário Vicente, 368 – 04270-000 – São Paulo, SP
Fone: (11) 2066-9000 – Fax: (11) 2066-9008
http://www.pensamento-cultrix.com.br
E-mail: pensamento@cultrix.com.br
Foi feito o depósito legal

*Nos tempos futuros não mais estareis circunscritos à limitada vida que ilusoriamente construístes sobre vosso planeta. Sereis, conscientemente, Filhos do Cosmos.*

*De todos os Universos, e principalmente do vosso sistema solar, estais recebendo importante ajuda, correntes de vida e de energia.*

## SUMÁRIO



*PRIMEIRA PARTE*

Bases para a transformação interna
e reafirmação dos votos individuais

*SEGUNDA PARTE*

Convocação às operações de resgate



*TERCEIRA PARTE*

Síntese sutil



---

## AO LEITOR

Este livro pode vir a ser para o leitor um instrumento de auxílio nas situações de emergência que velozmente se aproximam. Contém não só palavras, mas também o impulso para a libertação do seu Ser, favorecendo-lhe o ingresso em níveis de consciência mais elevados. Assim, aquele que tiver recebido as sementes da Nova Vida poderá ver desdobrar-se em si mesmo perspectivas mais amplas. Aquele que tiver permitido a essa planta crescer, reconhecerá interiormente o "caminho do fogo" e se reconfirmará no Serviço à Lei Criadora.

A vida humana hoje desenvolvida na superfície da Terra, com seus hábitos e limitações, é um verdadeiro cárcere para o Ser Interior; sentimentalismos à parte, pode-se e deve-se cultivar a energia da compaixão, que é pura compreensão por todos os que, em seu dia-a-dia, ainda têm, basicamente, que superar situações de conflito.

O presente livro pode auxiliar também a reunião das forças positivas do indivíduo, para que ele, durante sua autopurificação, não continue preso a níveis densos da matéria nem ao trabalho predominantemente pessoal. Estimula-o a buscar a sintonia correta com as Hierarquias* que conduzem a transição da Terra na etapa evolutiva atual.

Quando se contata conscientemente essas Hierarquias, ocorre uma transformação profunda no mecanismo humano. Ele é permeado por vibrações sutis que descem de um subplano a outro dos corpos, e que gradativamente desmaterializam esses veículos temporários, tornando-os menos densos e mais úteis em planos de consciência elevados.

A sutilização dos corpos faz parte de um preparo especial que está sendo feito em vários seres da superfície do planeta, e está ligada à evacuação planetária. Permite que novos trabalhos possam ser empreendidos com mais facilidade, abrindo portas para o indivíduo reconhecer sua verdadeira morada na consciência cósmica.

Essa preparação tem em vista a evacuação planetária, o resgate daqueles que podem vibrar em sintonia com outras Leis – fato que já está ocorrendo em algumas áreas da Terra e que acontecerá globalmente em um futuro próximo, obedecendo a conjunturas cíclicas de indivíduos, do planeta, do sistema solar e da galáxia onde esse processo se desenvolve.

Este livro é o último de uma trilogia de que também fazem parte *PORTAS DO COSMOS* e *ENCONTRO INTER-*

* Hierarquias: Energias e Seres que já ultrapassaram o estágio evolutivo do homem; algumas encontram-se conscientes na Evolução Imaterial, e outras na Evolução Inanimada.

*NO (A Consciência-Nave)*, publicados anteriormente. Como os demais, constitui texto independente. Que o leitor possa encontrar suas próprias chaves para o mundo interior e prosseguir rumo à posição que lhe compete assumir no Plano Evolutivo.

TRIGUEIRINHO

# Primeira Parte

# BASES PARA A TRANSFORMAÇÃO INTERNA
# E
# REAFIRMAÇÃO DOS VOTOS INDIVIDUAIS

# 1

# Reconhecimentos

Muito já vos foi informado sobre a entrega e a devoção, e sobre fatos dos mundos imateriais. Provas e ciclos de maturação foram por vós vividos e transcendidos. Abristes portas para os que seguem vossos passos rumo à verdade, e trilhastes um caminho que outros, antes de vós, percorreram.

Nesta etapa de contato e experiência direta com nossas Energias, o trabalho de purificação prossegue e terá de acontecer até que se encerrem os ciclos puramente materiais do planeta.

Não apenas nossa voz há de falar através de vosso mecanismo, mas vossos pensamentos hão de ser os nossos, e vossos sentimentos expressarão o puro Amor que em nossa essência podereis compartilhar.

Estai atentos aos sinais que a cada instante se mostrarão a vós como uma Luz em meio à noite de completa ignorância que tendes ao redor.

Sois amados. Nunca vos esqueçais disso. Tampouco vos esqueçais de que agimos através de vós, segundo a Lei Evolutiva. Os Comandos da Evacuação Planetária têm agentes em todos os planos da manifestação, pois os traslados* ocorrerão não só de um ponto a outro deste Universo Cósmico, mas principalmente de um plano de consciência a outro, rumo a níveis mais elevados.

No passado tivestes operações-resgate atuando sobre a Terra. Foram registradas em vossa história. Mas agora o planeta clama em definitivo pela libertação. Podeis contatar a energia de SAMANA**, assim como expressar a nossa energia específica, sempre que a necessidade emerja e que vossos canais estejam abertos e receptivos.

Grande será o trabalho que nessa transição se vos apresentará no plano físico; entretanto, maior será vossa atividade e serviço nos planos internos. O sangrento relacionamento entre povos e nações irá se agravar, pois a loucura impera nesta Terra em purificação. Conforme foi outrora anunciado, os tempos agora se cumprem.

Aos homens, aos animais, às plantas e aos minerais caberá dar um passo evolutivo. Também os devas*** passam hoje pelo juízo****, após o qual será restituída à Terra a so-

* **Traslado**: Operação de transporte dos corpos resgatáveis dos indivíduos, efetivada por naves intergaláticas ou intraterrenas, conforme o caso. Pode incluir ou não os corpos físicos.

** **Samana**: Nome cósmico de uma grande Entidade, que outrora foi chamada de Jesus. Tem agora como uma de suas funções o Comando Geral de todas as operações de resgate neste planeta. Sua tarefa, todavia, não se restringe à Terra.

*** **Devas**: Seres de uma linha evolutiva específica que mantêm estreita ligação com as forças da Natureza. Participam também do processo de construção das formas.

**** **Juízo**: Seleção que ocorre periodicamente, em todos os reinos da natureza (incluindo o reino humano). Há juízos maiores e juízos menores, como o atual.

berania sobre a matéria. Novas leis regerão este PLANETA-VIDA-CONSCIÊNCIA.

Não vos conturbeis pelo que ocorrerá aos seres que escolheram ignorar as Leis Cósmicas. Após esta época de juízo, eles terão o ambiente de que necessitam para um dia se reintegrarem à Luz e ao fiel serviço à Lei Evolutiva.

Nosso Comando está presente e dirige a atual operação-resgate em seus mínimos detalhes. Ao lado de SAMANA trabalham Entidades de elevada evolução, responsáveis pela seleção e pela condução das vidas que se expressam em todos os reinos da natureza.

A hora já soa, e nossas naves estão a postos para o resgate final. Os oceanos lavarão grande parte das terras, e cobrirão o que estiver contaminado. Quanto às enfermidades existentes, nada mais são que materializações de estados mentais criados no decorrer desse ciclo que agora termina.

Fortes ventos já arremessam nas quatro direções todo o orgulho e vaidade sobre os quais foi construída esta civilização que se desintegra. O fogo das experiências radioativas faz arder nos corpos a chaga do que foi neles semeado durante milênios. O furto, a ambição e o descaso pelas Leis Superiores trazem agora as suas conseqüências.

O caos será para aqueles que escolheram o egoísmo e o materialismo: aos inocentes, aos resgatáveis e aos que optaram pela justiça não-terrena, estes conhecerão um nível vibratório onde o caminho da integração cósmica é o alento e a vida.

* * *

Já sabeis que a fome e a miséria crescerão e que os mares subirão muito antes do que prevê vossa ciência. Vereis cidades submergirem e os níveis de radiação tornarem-se insuportáveis para os corpos terrestres.

Mas por trás do caos e do sofrimento vislumbrareis, em outro plano, a presença de uma nova energia. Por trás da desolação vereis uma Nova Aurora, mas não antes de terdes aprendido a lição trazida como conseqüência de vosso isolamento e orgulho.

Então, Leis Superiores irão socorrer esta devotada Terra, que em sacrifício abrigou tantos crimes contra as Leis da Criação. Purificada, não mais será um planeta doente e súcubo de forças involutivas.

A Terra irá renascer. Nela, a paz reinará. Já tendes em vosso intelecto conhecimento desses fatos que estão próximos, mas estamos vos introduzindo agora no contato direto com uma vibração que vos permitirá transmitir aos vossos irmãos a força que os ajudará a se libertarem dos processos materiais.

Sereis introduzidos na nova sintonia e não vos perdereis no caos.

# 2

# Integração com as vozes internas

Há trabalhos interiores que deveis cumprir, e para isso o novo código genético já está sendo incorporado em subníveis mais densos dos vossos corpos materiais. Vossa tarefa junto à operação de Evacuação Planetária vos será revelada.

Tende presente vossa ação interior. Abri vossos centros da cabeça, do coração e do plexo solar cósmico direito, para que a grande e potente energia de MITHUMA* circule em vós.

Alijai de vosso caminho todos os obstáculos. Eliminai a poeira que ainda paira sobre vós, nos vossos desejos e ações. Purificai-vos. Não há mais tempo a perder com fantasias. É preciso estardes junto a nós, no Serviço que tendes a prestar.

* MITHUMA: Hierarquia que atualmente assume diferentes tarefas na órbita do planeta Terra, tanto no campo da evacuação planetária quanto no da preparação interna dos indivíduos.

Não temais o que hoje está diante de vós nem o que estará nas etapas futuras. Grande é a Luz que vos espera, e deveis adentrá-la sem temores e sem apegos.

* * *

Nosso encontro convosco se dá a todo instante, pois em essência estamos no Universo inteiro e também vós sois parte energética dessa consciência sem limites espaciais. O trabalho de nossas naves está vos fazendo incorporar mais perfeitamente essa expressão de vida.

Sabeis que o desanuviamento da consciência nos diversos níveis é necessário a cada início de etapa no caminho evolutivo de um grupo. Colaborai na implantação das novas fases e não olheis para trás.

Vigiai. Não vos desligueis da Fonte, pois sois testados a cada instante. Vosso trabalho de elevação individual já deve estar em um nível que torne desnecessário colocardes constantemente vossa atenção nesse ponto. Tendes um determinado campo magnético grupal a manifestar, e para que isso ocorra é preciso estardes além dos limites pessoais.

Vossas vibrações devem se elevar a uma intensidade tal que não mais permitam a penetração de forças retrógradas e inferiores em vossa aura. Sede armaduras onde o Espírito do Invencível possa operar, levando-vos à União com o Criador.

As forças involutivas estão organizadas e lançam-se sobre a Terra. Entregai-vos à Luz para que se cumpra tudo o que está escrito. A Energia vos convoca a reunir-vos em elevação. Grupos assim formados caminham com a ajuda dos níveis sutis. Ide, portanto, para o encontro final, onde nossas energias e as vossas poderão trabalhar unidas.

* * *

A maior parte das Hierarquias com as quais lidais, todas ligadas ao Governo Celeste Central, já não são encontradas trabalhando em subníveis mais densos da matéria. A maioria dos contatos visuais é fruto de nossas projeções em telas etéricas formadas até o quarto subnível do plano físico. Sendo, porém, conscientes e onipresentes, as Hierarquias podem manifestar-se em qualquer ponto do Cosmos sempre que houver necessidade.

Em todos os que puderem colocar-se numa vibração tal que não demande a materialização de nossas espaçonaves nos momentos de encontro, está sendo feita uma preparação especial, de modo que seus corpos possam ser desmaterializados e depois reconstruídos no interior de nossas naves. As células que os compõem precisam estar num grau de pureza e sutileza que lhes permita receber o raio energético que os trasladará, sem que nenhuma força de inércia o impeça. Forças de inércia deverão ser removidas em certo grau, para que não haja fissão no equilíbrio do corpo, e isso só é possível através da atuação de leis magnéticas e gravitacionais diferentes das que conheceis. Durante o infinitésimo de segundo em que atravessais os espaços interdimensionais é que se realiza, em vossos corpos, os ajustes de pressão necessários para entrardes na aura dos veículos intergaláticos.

Sereis integrados àquela falange de seres que correspondem à vossa energia. Caminhai para a libertação. Só adoração haverá em vós quando estiverdes diante da energia d'Aquele que surge a todos os que atingem esse plano.

Avançai em direção à meta pela qual vosso Ser Interior clama, para que seja totalmente realizada em vós. Jamais deixaremos de vos dar indicações dos rumos a seguir. Deixaremos impregnadas no éter planetário as setas que vos apontam o caminho.

Diante da liberação da energia vereis finalmente surgir o despertar. Vivei completamente o lado oculto desse fato que cada alvorecer vos prepara. Há quanto tempo vos esperamos!. . .

# 3

# Uma conjuntura cíclica especial

Durante o processo de ingresso nos mundos de vibrações sutis tereis que ir conhecendo as leis e as expressões de cada plano que atravessardes.

Estais sendo acompanhados de forma a não vos deterdes em níveis intermediários além do necessário, para, compreendendo-os e dominando-os, transcendê-los. Relaxai e vivei vossa entrega. A condução do vosso progresso nesses ensinamentos foi por nós assumida, e assim deve ser

Contais com potentes Irmãos instrutores que tem fácil comunicação com vossa energia em decorrência da vossa sintonia na tarefa que a eles vos une. Vosso consciente deve viver as Leis que chegam ao vosso conhecimento. Procurai segui-las estritamente pois, se assim cumprirdes vossa parte nos níveis mais densos, estareis liberados para o despertar interior.

Nos momentos caóticos de hoje, a consciência da vida em nossas naves ou em nossas cidades poderá ser experienciada quando fordes capazes de, em vossas ligações materiais e dentro das leis que as regem, seguir a energia dos planos mais altos. A voz de SAMANA se fará ouvir em vossos corações e em vossa consciência. Abri-vos para estar diante da presença desse Grande Irmão.

* * *

Cada abertura vossa é um passo que se dá nos planos sutis e traz grande regozijo para aqueles que vos acompanham. Vossos progressos representam etapas que se cumprem em nosso caminhar em união, e são, como sabeis, portas que se abrem para outros que, depois de vós, trilharão a mesma rota.

Sabeis da importância de assumirdes a energia que vos está sendo transmitida?

Há séculos trabalhamos junto a esta humanidade e junto a vós individualmente. Há séculos temos impulsionado o vosso avanço, mas densas são as camadas a serem transpostas para que nossa energia vos alcance.

Nossos Mensageiros pisaram o pó desta Terra, lançaram em vós sementes e as regaram com seu próprio suor. Chegastes agora definitivamente ao momento de despertar para a vossa verdadeira meta.

Não mais havereis de temer, não mais vos ocupareis de vós mesmos – se sois Filhos da Lei, ela cuidará de vós.

É grande o conflito em todo o arcabouço psíquico do planeta, pois trata-se de uma humanidade que, como se sabe, passou pela queda e agora recebe o retorno de todas as vivências que teve sobre a Terra. Haveis de reconhecer que, sendo membros dessa humanidade, participais dessa purificação. Mas deveis estar coligados e em sintonia com a Lei, pois somente assim tereis vossas portas fechadas às forças antievolutivas, as forças do AntiCristo.

Estamos aqui para servir junto a vós, pois enquanto podeis progredir e coligar-vos conosco sois uma extensão nossa. Clamamos por vossa resposta; uma conjuntura cíclica como esta que hoje viveis não se arma facilmente em planetas cármicos materiais.

Temos permissão para vos impulsionar, e isso estamos fazendo. Entretanto, não podemos caminhar por vós. Vossa parte a vós mesmos cabe cumprir, e quando avançardes um passo haverá outro a ser dado, pois infinita é a evolução.

# 4

# Processo de sutilização

Ouvistes falar da elevação dos corpos. É possível a transposição da matéria física para dimensões mais sutis pela decomposição de sua estrutura e recomposição em um outro estado, como já mencionamos.

Isso pode ocorrer, não só com corpos de seres humanos, mas também com corpos de animais, com plantas e com objetos. A matéria densa é introjetada em um subnível sutil do mesmo plano físico. A energia que era utilizada para manter os seus átomos na vibração mais densa, ao elevar-se é reabsorvida nesse subnível sutil, normalmente pelos mesmos corpos. A materialização, entretanto, se faz através de um processo que segue o sentido inverso desse circuito.

Alguns personagens de vossa História tinham as chaves para o controle dos fogos da matéria e assim conseguiam essas transposições. Nossas naves guardam essa possibilidade, e são instrumentos da consciência que as conduzem.

Vossos corpos e células têm, portanto, diante deles um caminho de liberação, em que sua densidade atual deixa de ser confirmada. Para colaborardes conscientemente nessa sutilização, devereis observar alguns pontos sempre que for colocada diante de vós a possibilidade de opção. Deveis fazê-lo como um Serviço ao plano físico-material, no sentido de elevá-lo, e como uma preparação dos corpos materiais para a operação-resgate prevista para dias próximos, operação que em certa medida já está acontecendo.

Esses pontos são:

1. Estabilidade do vosso campo magnético. Essa estabilidade depende da combinação de fatores externos e internos. Sobre isso já recebestes as seguintes instruções básicas:

   Como fatores externos tendes o ambiente psíquico no qual vos introduzis, e o contato com as correntes etéricas, emocionais e mentais do mundo coletivo. O grau de vossa entrega e de vossa vontade de evoluir atua não só no estabelecimento da sintonia com outros campos magnéticos, mas também como proteção do vosso.

   São fatores internos: vossa atitude diante das provas nas quais sois colocados; a maneira como lidais com as reações que emergem do vosso consciente e dos mecanismos dos vossos corpos materiais; o grau de aspiração instalado em vossos componentes celulares; e a harmonia decorrente do desapego já alcançado.

   A respiração correta também é fator de estabilização de vossa aura, bem como o controle da palavra, pois o falar é vibração e a vibração cria formas em vosso campo magnético.

contato

respiração batimento cardíaco

transformação

Estudai a relação entre esses elementos, e aplicai esse conhecimento em vossa vida.

2. Completa desidentificação com os corpos que habitais. Ressaltamos este ponto, pois sem ele não podeis trabalhar a sutilização conscientemente.

3. Total abertura para o cumprimento dos desígnios superiores na própria vida. Enquanto a parte consciente do ser apresentar dúvidas em relação à opção de vida, não podeis realizar um trabalho efetivo.

4. Exercício da compaixão já instalada em certo grau em vossos veículos.

5. Total entrega e obediência à Lei do Amor.

6. Exercício da inofensividade, ou seja, a incorporação do reconhecimento da LUZ CRIADORA presente no âmago de cada átomo, e um interno e devotado "curvar-se" à atuação dessa LUZ, invocando assim a Sua liberação.

Além da observância desses pontos, a água que ingeris deve ser pura e os alimentos sutis, opção que depende de vossas conjunturas cármicas e de vosso discernimento.

* * *

Não aguceis vossa mente com os elementos de que ela dispõe. A Luz, onda vibratória de nossas naves, conduz e passa a vós a Força, a Lei e a nossa Vontade.

As formas materiais que construístes estão impregnadas da energia com que são geradas. O egocentrismo da atual humanidade vos levou a desligar-vos da Lei Criadora e a manifestar essas formas de modo a atender aos mais baixos propósitos exigidos por vossas cegas necessidades. Estais prisioneiros desses vícios. Chegamos a vós, cruzamos vossos céus, falamos ao vosso interior para mostrar-vos o caminho do reencontro.

Entre nós, a plasmação de formas dá-se através da condensação da energia de uma Idéia da Mente Única. Nesse modo de usar a energia encontra-se a chave para muitos dos acontecimentos que chamais de milagres. Em uma humanidade que nem sequer aprendeu a entrar em sintonia com o mundo interior, esse nível de relacionamento com a Mente Única fica impedido. Chegastes ao limiar dessa nova vida – podereis escutar a Voz Interna e segui-la?

Não vos será dada a oportunidade do encontro se não houver de vossa parte permissão interna para isso, pois dentro da Lei do Amor e da Misericórdia não podemos apresentar-vos provas que estejam além da vossa capacidade de responder positivamente.

* * *

Trabalhai mais intensamente a Vida do Espírito. Sabei que vossa oferta está aceita. Vivei no silêncio de vossa consciência os passos que deveis dar, porém sabei aguardar o momento em que os seres que caminharão convosco nesta etapa que se inicia possam estar entre vós, momento em que ondas cíclicas mais amplas possibilitem a descida até o plano físico de tudo o que está preparado nos outros níveis de consciência.

Na preparação que vos está sendo proposta não mais cabem etapas com base em processos individuais. A comunhão grupal entre todos os planos vos guia e amplia nosso campo de trabalho em vosso meio, pois os progressos de cada um repercutem em todo o conjunto.

Há uma linha evolutiva na qual o que é apreendido por um indivíduo pode ser compartilhado por todos os integrantes do seu grupo. Isso se dá com as Hierarquias. Conhecimentos mais completos de sua linha evolutiva serão por vós compreendidos quando viverdes as Leis que regem a expressão de uma consciência hierárquica.

Buscai a Unidade; tereis, assim, o Reino manifestado.

* * *

Em um certo nível de trabalho (com energias sutis), não existem programas definidos para a manifestação material, como muitas mentes buscam conhecer. O que chamais Plano Evolutivo é uma energia que deve implantar-se nos níveis tridimensionais, e é a própria recepção, irradiação e materialização dela através dos canais disponíveis que lhe dará a forma necessária e possível a cada momento. É também nesse sentido que dizemos que precisamos de vós.

A pureza dos canais, quando funcionam individualmente e sobretudo como grupo, determina a qualidade da manifestação da energia. Esse aspecto da Lei aplica-se não somente ao Reino Humano, pois a ENERGIA, sendo una, está em todos os degraus da escala evolutiva.

Mantende-vos no Pai, e da Fonte virão as indicações para a sucessão de etapas no vosso trabalho. Vede o correto momento para agirdes, sem vos apressar mas sem perderdes as oportunidades, pois muitos dependerão do que puderdes realizar.

* * *

Em redobrada entrega, purificai os vossos corpos.

Não vos *dirigimos* no sentido que empregais esse termo em vossa Terra. Somos Irmãos vossos, e estamos aqui para conduzir-vos ao ponto designado pelo Altíssimo.

Num passado remoto vivemos etapas semelhantes às que agora viveis, mas não em tão baixo grau vibratório. As provas hão de ser experienciadas e transcendidas para que possais avançar. Elas são decorrência de vossa própria ilusão e identificação com os planos dos quais sois conscientes, somadas ao impulso de liberação que provém do Governo Central, impulso que vos é transmitido pelas Hierarquias e por vossas Mônadas.

A confluência desses dois estados – ilusão/identificação e impulso/liberação – produz essa conjuntura que chamais de "provas". Forças involutivas atuam porque estão presentes em vossa ilusão e a compõem.

À medida que vos purificais as provas mudam, pois serão outros os componentes que se mesclarão ao impulso/liberação. Isso é assim nos planos em que viveis conscientemente. Em etapas superiores tendes outras possibilidades e outras leis agindo e interatuando.

Aplicai a Lei da Analogia e podereis vislumbrar algo da magnificência dos planos que vos aguardam. Neles a PAZ é uma realidade, bem como o reconhecimento da tarefa a cumprir. A união é fato consumado nesses planos, e nossa atuação ocorre sem os desgastes que conheceis em vossa Terra.

Avançai pelo Caminho do Espírito e sabei que essa é a rota de todos os resgatáveis deste ciclo.

# 5

# Novos reconhecimentos

Deveis fortalecer-vos em espírito. Isso significa maior controle sobre as influências do mundo exterior que chegam até vós, influências que vos desconcertam e que vos tiram da sintonia obtida.

Um espírito forte é como um centro de irradiação que, em meio ao mundo, não se deixa envolver por ele. As correntes de forças que circulam na aura coletiva planetária não chegam a perturbá-lo. Ele permanece centrado, consciente da meta que elegeu, em permanente disponibilidade dos comandos e impulsos que recebe das Hierarquias e do seu interior.

Assim deveis proceder. Isso significa que, se estais fortalecidos em espírito, vossa aura individual se destaca da aura coletiva, no sentido de que se torna imantada pela vibração Hierárquica e pelo tom da própria Mônada, e não pelos expurgos circulantes na aura de ambientes terrestres.

Essa coligação permite uma renovação magnética permanente do canal de contato, assim como um trabalho de transmutação, que também é tarefa vossa.

No trabalho de Evacuação Planetária isso é fundamental, pois à medida que o caos se alastra e domina todo o campo psíquico de vosso planeta, é necessário estardes destacados das correntes coletivas e prontos para o contato e a instrução.

* * *

Em vossas células estamos introduzindo elementos transcendentes, que trazem um desprendimento etérico das formas cármicas que determinavam e regiam o antigo código de materialização.

Através da ação desses elementos sutis, a resposta do vosso mecanismo aos impulsos que vos enviamos será facilitada, e maior será a possibilidade de processamento da energia por vossos corpos.

A materialização/desmaterialização de nossos agentes e de nossas naves poderá ocorrer mais próximo de vós, conforme está planejado e deve acontecer dentro em breve.

Confirmamos que é importante e necessário trabalhardes em pequenos grupos de indivíduos afins, pois estais sendo inspirados. Esses núcleos, se derem passos rumo

- à integração interna e sutil
- à elevação e sutilização dos corpos
- à renúncia dos processos humanos e ao desapego do próprio ego,

servirão de centro focal e magnético para grupos maiores que deverão atuar nos momentos críticos que se acercam de vós.

É necessário que eleveis a vibração dos vossos centros e que não vos satisfaçais com o que já houverdes alcançado. A Luz de nossas naves será a vossa dinamização. Avançai, pois o momento de mudança está próximo.

* * *

Nossos caminhos finalmente se encontraram e em todos os planos nossas energias prosseguem fundindo-se gradativamente às vossas. A Evacuação, que é o Resgate, é como uma porta libertadora, através da qual estareis livres do que vos ata à densidade material de hoje, estágio que deveis superar.

"Outras esferas acham-se diante de vós para serem penetradas, e estareis com a consciência já liberta dos corpos pesados que hoje ocupais para viver em um planeta denso. Percorrereis o Universo Cósmico usando corpos sutis e, então, podereis conhecer novas moradas."

Ao reconhecerdes a união em vosso Ser, encontrareis em vós mesmos todos os vossos irmãos. Não mais sabereis o que é luta e tristeza, sofrimento e desamparo, pois estareis integrados no Serviço à Lei e à Luz, e com nossos Mensageiros cruzareis os espaços em viagens interdimensionais.

Vossas Mônadas prosseguirão em desperta interligação, e os segredos do Cosmos serão o vosso alento.

De nível em nível, de plano em plano, vos aprofundareis no Amor e sereis imbuídos da essência crística, legado que vos pertence desde sempre. Havereis cumprido vossas etapas materiais e não mais retornareis a mundos cármicos, como agora ocorre. Tereis vosso nome gravado nos céus, e vosso trânsito nos diferentes planos será uma realidade.

Conhecereis a verdadeira música, o verdadeiro som, a verdadeira cor. Sereis envoltos em essências sublimes, pois o AVATAR* já soará as primeiras notas do seu despertar maior. Onde o tempo não existe e o espaço é por vós controlado, havereis de bem ancorar a vossa barca. Avançai à Luz dos Espelhos que vos guiam.

* * *

Quando estais sob a influência de aspectos negativos e pessoais, vossos corpos não se encontram firmes na colaboração com o Trabalho do Plano. Nesse caso, há forças que agem, tomando posse desses corpos, sugando a vossa energia. A Mônada não entra em confronto com o que acontece nesses níveis densos. A energia que dela é irradiada permanece porém presente, trabalhando em níveis mais profundos e de lá fazendo surgir vossa decisão de desidentificar-vos dessas forças. Mas um movimento externo e consciente, mais ou menos rápido, deve ocorrer paralelamente, até que elas se dissolvam.

Reconhecei o vosso campo de trabalho e vigiai.

* AVATAR: Consciência regedora das sete mônadas no homem. Recebe essa denominação quando elas se unificam no plano cósmico.

# 6

# A hora é chegada

Sabeis aproveitar as oportunidades que vos são oferecidas?

Sabeis que em vosso planeta as maiores fontes de desperdício vêm dos que são ricos, dos que mais possuem? E aqueles dentre vós que mais têm acesso às informações, sabem aproveitar o que lhes está sendo entregue? Têm consciência do que está disponível para eles?

Alertamo-vos, pois as conjunturas grupais não são fixas, e se a expressão externa de um grupo de trabalho interno não corresponder ao grau de irradiação que deve espelhar, a Energia poderá retirar-se para plantar alhures as sementes da Sua Consciência.

Tivestes vossa época de receber essas sementes, fostes escolhidos como terreno propício para nossa semeadura. A mais pura e fresca água regou vosso brotar. É chegada a hora de vossos ramos despontarem acima do solo, e para isso sois vós que deveis dar os passos.

Um grupo interno não se dissolve; todavia, a atuação de sua contraparte no plano físico pode ser frustrada. Vossa persistente aspiração e fé mantêm abertas as portas para uma colaboração entre o lado interno e externo do grupo. Vigiai para que tendências humanas não soprem sobre vosso altar, apagando a chama que tendes em vosso interior.

A atuação do vosso grupo interno nos planos sutis ocorre sempre. Mas vos dizemos que não seria necessária a reunião de seus membros no plano físico se não fosse para manifestar nossa Luz. Ainda há densos laços a serem removidos; caso isso não seja feito, não passareis de uma projeção desprovida de Realidade.

Não vedes que tendes a tarefa de ser como tochas de Luz no vosso meio? Onde colocais vossa energia se não no trabalho interior de coligação com vossas Mônadas e conosco?

Mesmo em vossa entrega, usais a energia para queima de vossos resíduos e ajuste de vossas arestas. Usais o Fogo dos Céus para acender fogareiros. O que vos é dado como setas no caminho para o infinito usais dentro de parâmetros e medidas humanas.

Permiti que o Fogo penetre em vós e queime facetas escondidas, pois não podereis refletir Nossa Luz com pureza enquanto o que tiverdes para ofertar for um campo repleto de relíquias humanas que ainda carregais.

* * *

No ponto atual da crise planetária não há considerações a fazer. Pedimo-vos ação. Pedimo-vos entrega.

É necessário que vos decidais a mover em direção à meta maior que percebestes. É necessário atirardes fora o pó da inércia que durante milênios acumulou-se sobre vossos tecidos. É necessário libertardes o vosso Ser, aprisionado que está nas cadeias da ilusão material e dos apegos dos sentidos.

É chegada a hora do resgate, e estais atrasados. Em uma conjuntura cósmico-estelar, onde Consciências Intergaláticas estão atuando em Irmandade com Logoi, Mônadas, Avatares e Comandos, não são permitidos retrocessos.

A misericórdia da Lei é irrestrita, e conhece-vos na profundidade d'Aquele que vos criou. Entretanto, sabei que estais inseridos em uma corrente evolutiva que não pára, e que vossa escolha interna pela Luz e pela liberação há que ser amparada e confirmada por vosso consciente exterior.

Não estamos nos dirigindo agora àqueles que irão para mundos cármicos e materiais, ou para estágios ainda mais primários da experiência na matéria. Estamos falando a vós, que internamente escolhestes o serviço à Luz, a entrega ao Pai, o cumprimento de desígnios estelares. Irmãos, haveis de confirmar a vossa entrega passo a passo. Haveis de vos elevar, mas em vossa escolha não podemos interferir.

Muitos serão trasladados em estado de inconsciência, e despertarão quando tiverem chegado ao seu destino. Este não é o vosso caso, pois decidistes colaborar com o Plano e internamente fizestes vossos votos.

Estais atrasados, irmãos, no cumprimento de vossas etapas. Haveis de introduzir em vossas células a vontade-determinação, e para isso tendes a ajuda de ANTUAK*. Haveis de encontrar o equilíbrio e avançar, sem trastes, sem mochilas, sem olhar para trás. O caminhar é dinâmico e a vigilância, necessária.

* ANTUAK: Hierarquia que desempenha tarefas ligadas à evacuação planetária, também como Comandante de centros de evacuação. Em uma expressão anterior de sua energia como indivíduo encarnado, é conhecido na História como Conde de Saint-Germain.

# 7

# Passos decisivos

Nossas "escolas" são compostas de classes com diferentes graus de ensinamento. O resgate também é preparado nesses encontros, quando então tendes vossos corpos sutis adestrados. O domínio dos componentes vibratórios dos vossos veículos, bem como a polarização em diferentes subplanos, é ensinado e treinado. O Serviço àqueles que são inconscientemente evacuados para outros planos também faz parte do ensinamento, e isso deve ocorrer sem que haja envolvimento vosso com o campo magnético-vibratório dos indivíduos trasladados. Eles permanecem envoltos em uma cápsula sutil construída por nossas naves, até que cheguem ao plano onde deverão despertar.

A transmutação das energias e forças que se liberam nesse processo faz parte de uma atividade especial dos Espelhos em conjunção com naves, Irmãos Maiores e altas Entidades de reinos paralelos ao vosso.

Nessas classes tendes a possibilidade de viver outras realidades de tempo e de espaço, bem como de controlar vossos trajes sutis.

Durante o traslado, as intercomunicações e remanejamentos com planetas distantes ocorrerão diretamente, através de "janelas" que podem ser abertas por nossos Comandos em qualquer área ou setor do Universo Confederado.

Quando uma galáxia ou um planeta filia-se ao Governo Celeste Central, ou seja, quando se torna um Corpo Confederado, o que em realidade ocorre é uma dinamização especial da sua rede etérico-vital, permitindo-lhe receber impulsos diretamente de Altos Comandos e Conselhos. Nas etapas anteriores a essa filiação, o Governo Celeste Central também está presente, ainda que não atuando da mesma forma, pois não há núcleo de consciência onde ele não esteja.

Através dessa estimulação, o corpo (planeta, estrela ou galáxia) passa a conectar-se com uma rede energética de transmutação-comunicação-elevação.

Quando esse corpo está em planos que não sejam materiais o processo ocorre da mesma maneira, porém em outro nível de sutilização. A perfeição eleva-se de grau em grau na manifestação dos mundos, mas a Perfeição Absoluta também se eleva no âmago do Supremo Imanifestado.

O processo de resgate é liberador; trasladará o homem às novas moradas que lhe darão os elementos necessários para uma reintegração às correntes de vida conectadas ao Governo Central. Mesmo os caídos, quando retrocederem, o farão para assumir um correto direcionamento dentro da corrente evolutiva num ciclo futuro.

A liberação é a vossa chama. Deixai-vos consumir por ela e elevai-vos em essência à vossa nova Morada.

WYTHAIKON* traz até vós o chamado do Irmão Maior. SAMANA abençoa-vos. MISHUK** eleva o vosso ser na corrente do Contato e do Amor Supremo. Avançai. SAMANA convoca-vos a compor a Sua Aura, que agora se estende abertamente sobre a Terra. Esse Seu manto eleva e unifica, abençoa e cura, rechaça e expulsa.

* * *

Não visualizeis o prosseguimento de vosso caminho baseados em vosso atual mecanismo imaginativo e humano. Nos planos em que estais a ponto de ingressar, nada do que hoje conheceis tem validade. Usai vossa energia e vosso tempo para fortalecer vossa entrega, na devoção e no Serviço. Percebereis, assim, nossos sinais.

Não duvideis. O que está anunciado se cumprirá.

Muito do que acontece e do que ainda acontecerá nos planos materiais da superfície desta Terra poderia ter um curso diferente, mas a resposta externa da humanidade ao nosso estímulo foi mínima. Bastaria ter dado permissão para que pudéssemos auxiliar em maior grau do que fazemos agora.

Sabei, todavia, que não vamos ajudar a "consertar" a vida humana dentro dos padrões agora estabelecidos. Estamos aqui para trazer-vos a semente da VIDA TRANSCEN-

* WYTHAIKON: Comandante de vários setores da operação de resgate, também atua na formação dos indivíduos e na transmissão interior das chaves do conhecimento e da sabedoria. Está diretamente conectado com SAMANA no trabalho de Evacuação Planetária.

** MISHUK: Hierarquia ligada ao trabalho dos ESPELHOS. No planeta Terra atua também como governanta de alguns destes núcleos energéticos. Como Ser, irradia a energia da compreensão, através do Amor-Sabedoria.

DENTE, livre de cadeias e amarras, fiel servidora das Leis Imateriais. Estamos aqui para inserir-vos numa COSMOGONIA que espera pelo vosso retorno. Estamos aqui para tornar possível essa transição – e ela acontecerá, como já é uma realidade nos outros níveis. Porém, o desenrolar dos fatos externos depende ainda de vós. O desenvolvimento do processo está, em parte, em vossas mãos.

* * *

Quando uma tarefa é aceita internamente, toda a ajuda para que a realizeis no plano físico está inserida no potencial energético nela contido como impulso e direção. Entretanto, cabe a vós liberar esse potencial e abrir-vos para essa ajuda. Os momentos cíclicos hão de ser reconhecidos, assim como as oportunidades de maior dinamização que surgem no decorrer do desempenho da tarefa. Vossa sintonia poderá atrair potenciais de outras "regiões", que virão somar-se aos vossos esforços, segundo a Lei e a necessidade.

Cada vez que atrasais vossos passos estais, na realidade, interferindo em todo um esquema seqüencial que depende também de vós para poder prosseguir. Sois elos de uma corrente, sois como o vagão de um trem que ruma para o infinito. Podeis perceber a importância de vossa ação e de vossa decisão?

Passou-se o tempo, irmãos, em que tínheis a vossa própria vida e vos dedicáveis aos vossos próprios assuntos. Ingressastes no Caminho do Discipulado, no Caminho do Serviço e do Amor desinteressado. Não há mais retorno, pois assim o elegestes. Entretanto, não bloqueeis a Grande Corrente, colocando limitações em uma ação que já não é só vossa. Deveis aprender que determinados limites não mais existem em vós. Podem ser facilmente transpostos quando vossa entrega é feita sem restrições, pois tendes ao vosso dispor a energia de um grupo, a energia de Hierarquias Celestiais.

Deveis libertar-vos dos antigos hábitos do consciente esquerdo que, diante de uma tarefa a cumprir, coloca dificuldades e obstáculos. Lembrai-vos de que viveis num mundo de energias e de que vossa determinação, entrega e clareza de pensamento são fatores influentes na manifestação do Plano.

Avançai sem reservas. Quantas vezes vos dissemos isso! Repetimos, avançai, pois é preciso dardes o primeiro passo, para que os seguintes possam se completar.

Tendes em vossas mãos uma grande tarefa, abençoada pelos Conselhos que vos guiam. Prossegui, portanto, e realizai em segundos aquilo que não realizastes em séculos. Isso é possível, pois novas Leis estão entre vós.

* * *

Viestes de galáxias distantes. Vosso Ser não é deste mundo. Sois Mônadas em evolução, e vossa raiz está no Cosmos, não na Terra. Tendes prolongamentos nos planos materiais, mas vossa vida é outra, e vossa Casa se encontra em outras dimensões. Haveis de reconhecer esses fatos, e vossos períodos de sono podem ser de grande ajuda para isso. Enquanto vossos corpos estão adormecidos, mais livremente podeis estar junto a nós e, em Cósmica Viagem, alcançar os planos da Graça e da Redenção.

Todavia, nem tudo é maravilha e beleza, nem tudo é alegria e gratidão. Vossa Terra está coberta por uma densa nuvem de sofrimento e de ódio, e o rancor dos perdidos evoca a vingança das forças inferiores do segundo plano. As trevas também são filhas do Único Pai e têm seu lugar no Cosmos, mas não devem mais dominar este planeta.

Elevai vossa lâmpada. Mantende-vos coligados com o mais alto, pois em carros de fogo cruzaremos os Céus, acendendo nos corações dos justos a chama da renovação e do despertar cósmico.

* * *

Sois portadores da CHAMA, e legiões de seres seguem vossos passos. Não sois capazes de ver a todos, talvez nem mesmo os mais próximos podeis reconhecer. Mas isso é assim. Tendes os que vos seguem, bem como seguis os que se adiantaram nesse Caminho. Ninguém está só. O Pai não abandona nenhum de Seus Filhos. Há, entretanto, um equilíbrio a ser feito, para que o homem que viveu na superfície da Terra neste prolongado período de escuridão não mais volte a coligar-se com os filhos das trevas. O aprendizado da escolha e do livre-arbítrio foi por vós eleito e há de se completar para que possais prosseguir em Moradas mais livres.

Não duvideis: a noite será vossa irmã a fim de compartilhardes com os nossos irmãos do cosmos desse encontro maior. Nele podereis sentir em vosso interior o amor que permeia as noites de ERKS.*

Cada um de vós traz no interior uma mensagem. É preciso buscar decifrá-la quando fordes chamados, para que saibais compartilhar das devidas tarefas com vossos irmãos que habitam

* Vide *ERKS, Mundo Interno; NOVOS SINAIS DE CONTATO;* e *OS JARDINEIROS DO ESPAÇO*, mesmo autor, Editora Pensamento.

a superfície. Sereis guiados, porque estais buscando uma orientação cósmica. Quando do despertar desses tempos, não tenhais nenhuma dúvida: sob o amor do Pai tudo se conseguirá.

Agregamo-nos a vós em nome de toda a nossa Hierarquia de ERKS, em nome de todos os nossos irmãos e irmãs que integram este caminho silencioso, buscando a transmutação, buscando a mutação em si mesma e a transformação por meio da mudança do código genético, que atingirá os que realmente o merecem.

A festa começou; uma festa que, para muitos, por erro ou por covardia, significa o temor à mudança. Outros, porém, estão unidos a ERKS, esperando por uma essência cósmica que, como um maná, os alimente e os guie.

# 8

# A Graça Cósmica

O que temeis? O que tendes a perder? Não mais vos resguardeis da sutil elevação que vos chama. Somente a Luz poderá tirar-vos desse vazio.

Um ciclo se fecha, para não mais retornardes a tão baixo grau de densidade. Chegastes ao fim de uma época repleta de enganos e retrocessos. Estais colaborando na liberação e, ao mesmo tempo, sendo libertos de um círculo planetário fechado. Até então vossa consciência não podia transpor essa congestionada órbita psíquica.

Agora já tendes acesso a fluxos de energia extraplanetários e extragaláticos, que são a renovação e a vida do sistema no qual vos encontrais.

Integrações maiores estão ocorrendo. Marte, Júpiter e Saturno elevam suas órbitas numa conjunção cíclica que permitirá que a operação de resgate se dê em perfeito equilíbrio dentro do sistema. Em seus níveis sublimes, os Logoi também despertam para realidades maiores.

Quando estiverdes verdadeiramente transformados, não mais temereis vestir vossos trajes de luz. Podereis então mover-vos livremente nas dimensões internas, e estar ao nosso lado cumprindo, em plena consciência, os planos designados pelos Conselhos.

Estais construindo vosso traje e aprendendo a utilizá-lo.

* * *

Vossos desejos e ambições humanas são como traças que corroem o fio da vida. O Serviço puro não é possível enquanto esses trastes ocuparem espaço em vossa bagagem.

Sabemos que tende-vos esforçado, mas é preciso que não vos acomodeis com isso, pensando que vossa parte já está cumprida. Não é assim, irmãos.

No caminho da GRAÇA CÓSMICA não há tempo para desvios da meta nem para auto-recompensas. Haveis de doar a própria vida. Enquanto guardardes espaço para aquilo que vos é caro no mundo tridimensional, a GRAÇA não poderá agir totalmente.

A GRAÇA vos toca na medida de vossa abertura e entrega. É a liberação da vossa mais íntima essência que surge como um bálsamo curador, elevando-vos à Morada.

A comunhão conosco existe e pode ser percebida conscientemente. A GRAÇA também existe, e podeis experimentá-la.

Repetimos: avançai no caminho de retorno e não olheis para trás. O que passou, passou. O que vivestes já foi vivido. Aprendei as lições que a vida vos traz e segui adiante, pois o fruto que saciará vossa fome e a água que saciará vossa sede não são deste mundo — pertencem à vossa esfera imaterial.

* * *

Vossos desejos e ambições não são mais que sombras. Não têm existência real. Surgem e se esvaecem à luz do Serviço e da compreensão. Estais encarnados em corpos materiais que trazem impressos em si uma longa trajetória de sofrimento, dor, apego e ignorância. Não deveis identificar-vos com o sofrimento decorrente do movimento de ascensão.

O Fogo não permite que nada fique estagnado. Ele eleva e constrói na ascensão, enquanto queima obstáculos e vos purifica. Sua construção é dinâmica. Sua cor não pode ser vista nem seu som percebido pelos sentidos que ainda não foram sublimados. Amai o FOGO. Deixai-vos transformar por esse IRMÃO que vos envolve e vos eleva em sua essência de vida.

A GRAÇA é expressão do FOGO, e para encontrá-la haveis de vos abrir ao calor purificador dele, Raio Central que a tudo eleva. A GRAÇA surge do vórtice interior de vossos átomos, e arrebata em seu movimento ascensional todos os elementos suscetíveis de transformação. A GRAÇA retira véus e vos aproxima da REALIDADE SUPREMA, na qual, em humilde reconhecimento, vos curvais diante do altar.

Sois agraciados, pois buscais a transformação. Estais servindo, pois optastes pela ascensão divina. Não duvideis de que a vossa barca segue o rumo previsto por Aqueles que vos guiam. Mas haveis de VIGIAR permanentemente e não permitir que em vossa morada entrem vibrações que não mais vos pertencem. A chave da verdadeira união se encontra no

Fogo do altar do sacrifício. Falamos simbolicamente para que possais contatar vossos núcleos ígneos, que são o canal e a possibilidade de transformação.

* * *

Não deveis esperar recompensas pelo serviço que prestais. Estais iludidos pensando que poderíeis ter melhor posição ou tarefa mais ampla. O Grande surge do pequeno, o Importante surge daquilo que aparentemente não tem importância, o Justo surge da entrega e do total esquecimento de si.

Uma etapa somente poderá ser vivida e incorporada quando todos os resquícios do degrau anterior tiverem sido transcendidos. Por isso dizemos: desapegai-vos de tudo e de todos; desapegai-vos de vós mesmos, desapegai-vos do vosso processo. Elevai-vos em ardente aspiração e deixai-vos consumir no FOGO da SUPREMA REALIZAÇÃO.

Sois parte de um corpo de Luz e nele haveis de ocupar vossa posição. Sois viajantes cósmicos e haveis de reconhecer vossa jornada. Renunciai, pois muitas são as distrações que surgem no decorrer do Caminho.

* * *

Não podeis encontrar a PAZ enquanto não vos libertardes de certos aspectos que incorporastes no transcurso das vidas sobre a Terra. São aspectos que em realidade não vos pertencem, mas estão atados a vós como a parasita em uma árvore-mãe. Pensais que são parte vossa, mas na verdade não o são. Pensais que não podeis sobreviver sem eles, mas na verdade sugam de vós energia de vida e de elevação.

Estais a ponto de dar um grande passo. Vosso Grupo Interno se eleva, pois também assim o faz a vossa Hierarquia diante DAQUELE QUE TUDO OBSERVA. Não temais por vossos limites. Não vos julgueis incapazes de prosseguir. A GRAÇA CÓSMICA não cobra de seus filhos o que não podem dar. A GRAÇA CÓSMICA traz a possibilidade de liberação definitiva dos laços materiais. Permiti-vos reconhecer a grandeza do momento que viveis. Não vos aquilateis pelo que apresentam vossos corpos humanos. Prossegui na entrega serena e na oferta devotada ao SENHOR DOS SENHORES, pois a chama do AMOR SUPREMO já arde em vossas lâmpadas. Haveis de supri-la com o combustível do auto-esquecimento e de avivá-la com o alento da devoção, para que ilumine os níveis da matéria e para que a todos eleve no silencioso caminho.

Cada passo há de ser dado, cada degrau galgado, cada entrega aprimorada na experiência vivida. Num momento em que toda a superfície do planeta arde em sofrimento, desespero e ódio, vos é dada a oportunidade de conscientemente participardes dessa legião de seres irmanados na LUZ MAIOR DO ESPELHO CENTRAL.

Adiantai vossos passos, pois sois agraciados. Elevai vossos olhos, pois o MENSAGEIRO DO SENHOR está entre vós. Assumi vossa espada e vosso escudo; sede, nesta Terra, o que vos está destinado nos arquivos celestes.

Grande é a oportunidade desta hora abençoada, pois a cerimônia do resgate nada mais é que a vossa porta de entrada para o SAGRADO IMATERIAL.

No Cosmos, contatamo-vos. No Caminhar, unimo-nos a vós. Nesta Terra sois prolongamentos nossos. Crescei em espírito e na GRAÇA que agora vos abençoa. Como incansáveis servidores, prossegui.

O Caminho dos Céus não se faz com súplicas nem oferendas, mas com vossa entrega ao Pai e com os passos que derdes.

* * *

A chama que deve alimentar vossa busca não pode estar baseada em entusiasmo humano, em curiosidade ou em motivos pessoais. Deveis unir, em vossa consciência, a essência da evacuação planetária ao empenho pela libertação dos laços materiais.

Sabeis que a libertação está relacionada com processos internos e iniciações. O Resgate representa uma iniciação maior em vosso corpo planetário, que, consagrado, passa a integrar esferas onde se encontram consciências que formam uma Confederação Interplanetária.

Sereis, assim, parte dessa Cerimônia de elevação.

Já observastes que para avançardes é preciso que solteis, que deixeis para trás o ponto a que chegastes. A caminhada se faz à medida que usais esse ponto para impulsionar-vos a dar um novo passo. Se não abandonais completamente o que haveis alcançado, estancareis vosso processo que, como sabeis, não é só vosso. Sois elos de uma grande corrente.

# 9

# Afinando a sintonia

Apenas para vossos veículos materiais, que estão sempre oscilando entre momentos de contato verdadeiro e outros de maior identificação com o mundo material, parece haver ciclos de trabalho interior mais intenso.

À medida que fordes afinando vossa sintonia, mais curtos serão os períodos de "escuridão", de aparente desligamento da Fonte Interna. Eles são necessários, porém, para que cresçais em fé e perseverança. São oportunidades e provas onde a prática do ensinamento que vos foi transmitido pode se realizar.

A escola para o ensinamento interior está aberta a todos, mas o acesso a ela depende da necessidade que a Mônada conseguiu imprimir nos veículos tridimensionais. Somos como uma nascente que jorra incessantemente para saciar os que têm sede de Luz; deveis, todavia, ir até esse veio, deveis acima de tudo querer essa dádiva.

Enquanto tiverdes compensações pelo uso dos sentidos externos, enquanto a vida material vos atrair, não podereis chegar ao verdadeiro encontro interno. Receber reflexos do mundo sutil já é muito para os cegos olhos do homem comum; mas aqueles que têm o destino de unir-se a nós vêem apenas a Meta final e não diminuem o ritmo da caminhada detendo-se em estágios intermediários.

A busca é eterna, pois em cada nível tereis de deixar o grau de unificação que alcançastes, e ir adiante, rumo a novas ampliações.

Entre os que aspiram à Vida Divina não pode haver tepidez. A busca é renovadora e revitalizante. A cada queda – e tereis várias em vosso trajeto – encontrareis em vosso interior a força de um vulcão que vos levantará e que elevará aos céus vosso grito por liberdade.

É do profundo do vosso Ser que vem essa constante pressão para evoluirdes. É da sincera aspiração de cumprir vosso destino que vem o impulso para a compreensão e participação da vida nos mundos internos. A Lei rege o movimento da energia, e esta chega a quem a pede, a quem se abre para recebê-la.

Não basta que externamente faleis e expresseis vossa abertura e entrega. Vivemos no mundo da Realidade e sois vistos por dentro. Não chegará a vós a transformação, ela não vos arrebatará, se internamente não o consentirdes, se na verdade não estiverdes dispostos a ver todas as vossas bases abaladas.

É também por vós que ainda não ocorreu o momento final da purificação da Terra, pois, para que isso se dê, aqueles que devem colaborar conscientemente com essa operação não podem querer segurar nada, não podem ter ligação alguma que os prenda a níveis aonde a Lei levará a transformação.

Vossa preparação faz parte de uma delicada e tênue rede que tem suas origens em nossas naves. A participação plena de cada um de vós determinará a realização da Lei nos planos materiais. O destino dessa rede é manifestar a firmeza dos que têm o Propósito Divino como sua única meta.

A vida interna não se repete, e se trazemos a vós instruções que já vos foram transmitidas, fazemo-lo por compaixão, por misericórdia e por termos a tarefa de formar-vos, de conduzir-vos ao Despertar. A Energia guarda em si a consciência da síntese e da economia, e se determinados pontos são reapresentados em vosso aprendizado é porque ainda não os assimilastes.

No trabalho com vossos corpos vemos a lentidão com que dais os passos que já vos foram mostrados. Porém, esse grau de contato acontece apenas nas etapas iniciais da vossa colaboração. Tendes, também vós, um prazo para chegar a uma consciência em que a compreensão da tarefa e sua realização estarão unificadas em vosso ser.

A verdadeira educação é um princípio de energia; é cada um ver abrirem-se dentro de si graus de vida cada vez mais amplos e abarcá-los; é conhecer as Leis através do contato com a Origem, com a Fonte que as irradia.

Assim como não podeis fazer o caminho por nenhum dos vossos irmãos, também não podeis educá-los, pois a educação é a própria integração na consciência interna do Ser, onde tudo é conhecido segundo a necessidade.

Vossa tarefa, bem como a nossa, é expressar a Vida da Consciência Interna. Cada um em seu grau, em seu plano, ao manifestar totalmente essa Lei, cumpre e realiza sua parte, pois todo o resto é decorrência dessa básica aceitação e compreensão do Propósito.

# 10

# Linhas evolutivas

Uma mudança de etapa está para efetivar-se em vossa vida, mas é no contínuo trabalho de modelagem, no calor e na bigorna do ser, que preparareis vossa espada. Deveis estar afinados como a corda de uma harpa, porém, em alguns casos, é conveniente lembrar-vos que não a deveis tensionar demais para não danificar a sintonia até então alcançada.

Erroneamente colocais a consciência desse processo no vosso nível humano, mas não é nesse plano que ele se dá. Entregai também, e principalmente, o vosso processo e colocai a vossa energia em louvar com gratidão. Permanecei em sábia espera.

Não mais necessitais de movimentos infantis, por mais disfarçados que estejam pelos argumentos de vossa mente humana. Tendes vossos ciclos e vossas purificações a cumprir. Se estais com firmeza no caminho, não desvieis vossa energia, utilizando-a para o atendimento de exigências pessoais.

Para o nível de trabalho que buscais empreender, é necessário que certos ajustes possam realizar-se e produzir efeito perceptível nos veículos tridimensionais. Aguardai, mas não deixeis que, na ilusão de estardes sós, vossa chama se apague.

Permiti que ocorram as experiências internas que deveis viver. Tereis que aprender a superar os níveis inferiores do vosso ser e permanecer acima deles firmemente. Para que possais ficar estáveis em consciência junto Àqueles que vos instruem, já não deveis ter laços que vos prendam nos planos mais densos. Para alcançar os céus uma ave precisa abandonar o chão.

Desligai-vos de vossos conceitos sobre experiências interiores. Deixai-vos guiar por vossa Essência, por vossos Instrutores e pela Luz dos que caminham à vossa frente.

No limiar de cada etapa haveis de encontrar a chave correspondente; a cada degrau, um impulso para a ascensão. A reação contrária ao vosso caminhar ainda é grande, pois viveis um momento em que forças caóticas atacam vorazmente em todos os rincões da Terra. Por isso a vigilância é necessária até o fim. Vigilância e decisão de não ceder aos ataques sutis que essas forças empreendem sobre os vossos corpos e os de todos os resgatáveis nesta época.

A miséria do mundo, a miséria humana em si, atraiu para a órbita da Terra forças que poderiam ter sido resolvidas de outra maneira no equilíbrio cósmico. Mas tendo sido aqui acolhidas, foram alimentadas e frutificaram. Essas forças espreitam a consciência do homem, insuflam separatividade, egoísmo e anseio pelo prazer em seus pensamentos e emoções.

De nossas naves acompanhamos o desenvolvimento de todas as etapas desse processo planetário, assim como o desencadeamento dos processos grupais e individuais. Tudo é por nós registrado, e cada oportunidade de crescimento é valorizada e estimulada.

O potencial interior do homem resgatável há de manifestar-se ao máximo até a hora de sua retirada desta órbita. O sublime momento do resgate já aconteceu para muitos de vós que agora atuam em outros planos sem terem consciência disso; há também os que aguardam para serem conduzidos a diferentes órbitas planetárias.

* * *

Vosso único compromisso é cumprir o Plano. Não vos intimideis com a possibilidade de serdes rechaçados e incompreendidos, mesmo por aqueles que até agora caminharam convosco. O próprio Avatar não foi renegado ao descer ao vosso plano? Prossegui, pois, e vivei na Fé do encontro final.

Na trilha da ascensão seguireis sós, pois apenas com vossa Luz devereis contar. Nossa presença está nesse Fogo Interior quc não vos deixará faltar a proteção e o calor da união.

Deveis ousar. Deveis definitivamente assumir vosso caminho como Mônadas, como essências que criam, vivem e se expressam em níveis superiores, e que apenas cumprem etapas nesta Terra.

Núcleos de vida cósmica (Hierarquias que identificais como indivíduos) tocam-vos de forma a que se expanda em vós certa qualidade de vibração. Assim, vosso Ser Interior vibra na mesma sintonia deles; desse contato vem a potencialização da energia e a formação de uma aura de grande força, que deixa de ser apenas individual e passa a trabalhar em algum ponto da Terra ou alhures.

No decorrer de vossa formação podereis progredir, porém ainda estais limitados, devido ao envolvimento dos corpos com a vida terrena. Entregai-vos à ação da Graça Cósmica e permanecei vigilantes para não transpor os limites dos contatos estritamente necessários, tanto nos níveis materiais quanto nos internos. Nos planos internos esses contatos são regulados por vossa Mônada e por vossos Instrutores, mas no mundo tridimensional eles dependem também do vosso livre-arbítrio ainda em ato.

As energias da repulsão, da transmutação e da cura podem trabalhar sem vossa participação consciente; para isso deveis ter Fé. Mas essas preciosas energias podem atuar de diversas formas. Dores e pressões em vossos corpos podem ser decorrentes da ação delas sobre pontos de resistência vossos ou do ambiente terrestre.

É vasta vossa possibilidade de servir através de núcleos purificados por essas energias. Se puderdes incorporar-vos à vossa tarefa e perceber a real globalidade que ela traz, sabereis o valor de permitir que vosso Ser Interno desabroche, e de assumir o papel que vos cabe, e que é único. Para cumprir esse papel, cada um de vós terá a própria chave, o próprio som e a própria cor. Com total entrega aspirai ao Serviço, e vos serão revelados os aspectos de vossa tarefa que deveis conscientizar. Ao mesmo tempo que sois um com o TODO, na essência sois indivíduos; e sois, também, parte do que está sendo purificado.

* * *

Há uma evolução interna, do ser, e uma evolução externa, dos veículos. Aqueles que participam internamente da evacuação planetária, ainda que de maneira inconsciente, encontram-se dentro da escala evolutiva do ser. Mas os que podem estar conscientemente dentro desse processo, fundem em si as duas correntes (interna e externa).

Dirigimo-nos a vós que escolhestes estar inteiramente dentro dessa perspectiva de trabalho. Sereis conduzidos a tomar atitudes e posições coerentes com aquilo que a consciência interior espelha e segundo a urgência dos dias de hoje.

A própria necessidade interna de vos libertardes dos grilhões que ainda vos prendem colocará em marcha as provas que vos irão elevar. Vereis que será inadequado continuardes na superfície, quando já sabeis onde deveis mergulhar em busca do tesouro.

É necessário serdes os terminais de uma rede de elevação e equilíbrio que, formada nos planos internos, precisa realizar-se nos níveis da matéria. Prementes são estes tempos.

No verdadeiro serviço não há consciência pessoal. Esta já terá sido absorvida pela Essência interna, e o conseguimento desse estado dá-se com a vossa abertura ao Plano Evolutivo e com a superação de obstáculos à sua materialização. Certas mudanças não podem operar-se se ainda existe em vós qualquer apego, ilusão ou sonho de realização pessoal. A entrega deve ser total e completa, para poderdes despertar e viver vossa existência real.

Numa etapa preparatória da evolução podeis malbaratar a energia em pequenas ninharias. Quando, porém, já estais integrando grupos de trabalhos internos, vossos erros e desvios, bem como vossa vaidade e orgulho, refletem-se em toda uma rede. Estai cientes de vossa função, pois não sois mais crianças ingênuas – sois UM conosco.

# 11

# O único compromisso

Aqueles que deviam despertar, já despertaram. Aqueles que tinham escolhas básicas a fazer, já as fizeram. Estais agora em plena tarefa de resgate, embora possam aparecer ainda "os últimos que serão os primeiros".

Deveis concentrar-vos incontinenti na tarefa do resgate. Todos os vossos esforços devem ser canalizados para o cumprimento do que já vos foi transmitido neste sentido*, para que possais, então, receber um treinamento específico e direto.

Lembrai o que já vos foi falado: que estando dois homens no campo, um será levado e o outro será deixado; que havendo dois dormindo, um será levado e o outro deixado. Podeis compreender o que está por trás dessas palavras? Podeis perceber a iminência do momento que viveis?

* Vide *MIZ TLI TLAN (Um Mundo que Desperta)* e *A QUINTA RAÇA*, deste mesmo autor.

Recolhei orientações e revisai vossa atitude e vossas prioridades, não só materiais, mas também as que se referem ao trabalho interior. Haveis de:

1. Concentrar toda a vossa energia no contato com os níveis onde os Planos para a operação-resgate estão registrados.

2. Ter presente as adaptações a serem feitas e estar prontos para emergências.

3. Fortalecer vossa vida interior, possibilitando aos corpos sutis trabalhar livremente. Para isso, devereis deixar de prendê-los à Terra. Fazei uma seleção em vossas prioridades.

Ainda não há suficiente entrega em vossos corpos, entrega que vos eleve à situação de caminhantes estáveis e seguros. A mutação é contínua e o Universo não se repete. Revisai vossa conduta e vereis se estais em grau de doação que vos permita considerar-vos prontos para a mais insignificante tarefa dentro de uma conjuntura cósmica.

Pedimo-vos transformação contínua – e vigilância. Trazemo-vos essa energia sob a forma de palavras para que possais elevar-vos acima de realizações humanas, para que possais entrar num Serviço em comunhão real conosco.

Cuidai para não serdes tragados pelo pequeno mundo da falsa bondade humana.

* * *

Não busqueis atitudes externas que correspondam ao que vos está sendo transmitido. É em vosso íntimo, naquela área onde apenas vós e o Senhor têm acesso, que deveis estar conscientes da mudança a ser feita.

Nossa vibração de cura se multiplica ante a possibilidade da abertura de um canal de sintonia grupal; porém, para que isso ocorra, é necessário que em todos os indivíduos que o compõem estejam já incorporados, totalmente impressos e impregnados em suas células, os votos básicos para um caminho de entrega e de serviço ao Pai.

Há em vós o necessário desapego de fatos, situações, pessoas, sentimentos e idéias? Como podeis colocar-vos inteiramente como colaboradores do Plano se esses apegos não podeis soltar?

Não podereis levar para o interior de nossas naves os vossos bens, sejam materiais ou não. No campo em que vos convidamos a ingressar, vossa única propriedade é a Luz da União com a Verdadeira Essência. Trabalhai e vivei em colaboração; porém, para que vosso passo interior seja dado e para que possais, como grupo, receber a ampliação de vossas tarefas externas, deveis estar purificados num grau aceitável.

Alguns pontos básicos, conhecidos por vós, devem ser buscados renovadamente:

entrega;
desapego;
desidentificação com a forma;
ausência de ambição;
ausência de vaidade;
inofensividade;
ausência de exploração;
ausência de egoísmo;

repulsão de estimulações inferiores;
disciplina e obediência às Leis;
ausência de medos e de dúvidas;
capacidade de silêncio.

O que são posições ou situações materiais? Não sois sequer vistos em Luz se não estiverdes sendo movidos pela real necessidade de ultrapassar vossos limites pessoais.

A oportunidade de seguirdes conosco vos foi dada.

# 12

# A barca que espera

Se não puderdes caminhar com vossas próprias forças e com a ajuda de que internamente dispondes, não logr彩reis chegar à Meta. Não haverá mais apoios externos, pois agora a decisão é vossa. Tendes de subir esse degrau – estais diante da necessidade de assumir totalmente vossa escolha.

Silenciai os últimos apelos do mundo da forma; convidamo-vos a manterde-vos nesses novos planos. Se ainda vos envolverdes com os níveis materiais, dissolvereis vossas possibilidades de elevação. Tende presente que nossa voz sempre soou, e a cada instante o caminho vos é mostrado. Todo o Cosmos é espelho do Livro da Sabedoria e já estais ingressando na escola que o compõe.

Enquanto vossa civilização se consome no caos que ela mesma gerou, e tendes de lutar com sombras criadas pela escolha que fizestes no início deste ciclo, podeis ir além e encontrar vossa verdadeira morada?

Não estamos convosco apenas para vos retirar do fundo do poço a que chegastes como humanidade de superfície.

Muito simples seria levar-vos a outro nível de vida, para que deixásseis para trás tudo o que fizestes. Não, irmãos. Tendes, também vós, a tarefa de plantar a semente da vida imaterial em vosso mundo. Precisais decididamente deixar impressas em vossos átomos a escolha e a vivência dessa vibração em meio às mais adversas situações que para vós atraístes.

Não vos faltarão nossa luz e união, porém cabe-vos uma parte do trabalho. Essa parte, bem sabeis, está na vossa decisão de aderir incondicionalmente ao serviço do Plano Evolutivo.

O que significa vossa vida humana diante da verdadeira existência? Vossa atual encarnação ou poderá ser apenas mais uma dentro de todo o trajeto de vossa Mônada, ou poderá trazer-vos a consciência de que sois imortais.

* * *

Até que se realize o encontro final, muito tereis evoluído e mais amplos aspectos da vida sutil estarão disponíveis para vós. Trareis a beleza dos mundos internos aos dias difíceis que a Terra viverá. Através de vós poderá fazer-se ouvir o Anjo da Boa Nova. Esperamo-vos agora, como desde sempre. Sereis recebidos com todo o Amor que incessantemente jorra dos nossos Mananciais de Vida.

Cura e transformação descem sobre vós. Sob o comando do Governo Celeste Central, potentes Energias, Seres e Hierarquias vieram à vossa órbita planetária e muitas são as tarefas que temos para vós, a fim de que ingresseis num plano de vida que não mais possa ser qualificado como primitivo.

Chegastes a pôr em risco o equilíbrio da Terra e de todo o Cosmos, e com profundo Amor viemos ao vosso encontro para que tireis dos olhos a venda que neles pusestes. Porém, o tempo urge e não há possibilidade de ficardes entre pactuar com as solicitações de vossa existência e dar os passos que o Infinito vos mostra. Não viemos a este encontro movidos pelas ilusões sentimentais que vos são próprias. Cumprimos um Plano estabelecido para todo o Universo. Sabei que mesmo células defeituosas fazem parte do corpo maior, e que até o fim tentaremos salvá-las, pois não estão destinadas à eliminação.

Muita energia já vos foi por nós confiada. No nível de trabalho em que nos colocamos, nada vos pedimos em troca. Existe, porém, um ciclo preestabelecido em que deveis responder a esse chamado e, se não o fizerdes a tempo, seguireis rotas tortuosas.

Cada passo facultativo que se vos apresenta é uma possibilidade de transcender o nível de consciência, presa ao livre-arbítrio. É através da vossa própria escolha que deveis entrar na nova etapa prevista para a consciência humana terrestre. O que já recebestes conscientemente coloca-vos em posição de colaborar mais inteiramente conosco. Não deveis permanecer como receptores passivos da nossa Energia, pois, nesse caso, podereis usufruir de maneira negativa o que vos for confiado.

Tendes interiormente consciência da vossa situação atual. Recolhei-vos, e sabereis a direção a seguir, pois a Luz de nossas naves já pode ser percebida na Chama do vosso Ser.

Chegastes às margens do grande rio; aguardamo-vos. A vós cabe agora a decisão de ingressar na barca que vos espera.

Vosso planeta precisa de oração e de trabalho interno. Mesmo dos mais primitivos indivíduos que compõem vosso corpo-humanidade chega ao Cosmos um pedido de ajuda.

As forças involutivas que circulam na superfície da Terra ainda encontram campo de expressão nos vossos veículos materiais. Sois, em muitos aspectos, escravos desses falsos senhores.

Os mais recônditos desejos e as mais vãs aspirações humanas serão usadas para desviar-vos da Meta. Todo e qualquer movimento interno que não seja ligado à Oração e ao Serviço, e cujas raízes não estejam acima da terceira dimensão, será uma abertura para o insuflamento de atitudes desvinculadas da Fonte e para o escoamento da vossa energia. Não receeis abandonar vosso próprio corpo, formado de impurezas humanas que devereis deixar para trás antes de ingressar na consciência de nossas naves.

Se em vosso nível mental já sabeis que deveis seguir a energia de nossos comandos, realizai a entrega de vossa vida e não vos apegueis aos antigos padrões arraigados em vosso ser tridimensional.

# 13

# O confronto com as forças adversas e a Fé

Resguardai-vos de ataques das forças involutivas. Estareis protegidos com o escudo da devoção e da entrega ardente.

Não há como evitar esses ataques, pois a Luz que começa a brilhar em vós, decorrente do processo de purificação e serviço a que vos devotastes, atrai a atenção não somente daqueles que vos guiam, mas também, em certos planos, de forças contrárias ao vosso caminhar.

Isso é permitido, pois dessa forma a matéria de vossos corpos é testada, podendo assim confirmar a vibração até então alcançada ou sucumbir às pressões das trevas. Neste último caso, somente em outro ciclo ela poderá retomar, fortalecida e com maior decisão, o grau vibratório anteriormente atingido.

Haveis de reconhecer as provas – este é o primeiro passo.

Não devereis identificar-vos com pressões contrárias nem com reações de vossos corpos – este é o segundo passo.

Aspirar ardentemente à Luz e entregar vossos veículos à purificação são atitudes básicas que sempre precisareis cultivar. A luz de vossas Mônadas e de nossas naves são as energias que trabalham e transmutam a matéria de vossos corpos, promovendo também a eventual transformação ou a expulsão dessas forças adversas.

* * *

A Fé é um elemento vibratório inerente às vossas células, e há de ser despertado e dinamizado em vosso mundo tridimensional. Pertence a um nível de sutilização maior que esse em que agora vos encontrais, e é ela que permite que a transmutação celular ocorra.

A Fé é um elemento luminoso sutil, projeção de energias suprafísicas, e que promove a ligação entre a vibração material e a imaterial. Isso é importante para a transmutação de centros inferiores e dos componentes cerebrais, que estão tendo suas energias elevadas nos indivíduos resgatáveis. As células do cérebro devem despertar em si a Fé, pois apenas assim poderão captar e transmitir às demais – através da rede nervosa física e sutil – o espírito e a força da transcendência.

Nos momentos de prova e naqueles em que vossos corpos são atacados por forças retrógradas, esse elemento luminescente é a base de sustentação para que as células não sejam dominadas por elas, para que se mantenham coligadas com o nível superior e se elevem através da aspiração.

O resgate dos corpos não é possível se a Fé não está presente, pelo menos em certa proporção.

A Fé é a ponte que liga as margens do Grande Rio. É a chave que vos leva ao Reino que vos espera. Todas as vezes que vos contatamos, a Fé está sendo em vós despertada. Reconheceis esse fato? Abraçai então essa sublime ação transformadora, e permiti que sua vibração se imprima em vossos corpos. Silenciai vossos argumentos. Aquietai-vos. Abri-vos à Fé, pura e simplesmente, e deixai-vos permear por ela.

Não deveis esperar que vossos irmãos acordem para as realidades que a vós estão sendo mostradas. Haveis de considerar que esta humanidade passou por uma queda e é apenas uma parte dela que agora se regenera e será resgatada. Além disso, as células cerebrais de muitos resgatáveis estão embotadas pela densidade material de seus pensamentos e desejos, e reagem mecanicamente aos impulsos que recebem do meio ambiente, aceitando-os.

É um trabalho da Hierarquia MITHUMA a elevação da matéria à evolução ígnea, para que a nova humanidade encontre na órbita terrestre átomos compatíveis com os corpos que terá que construir. Através desse trabalho hierárquico o passado se equilibra, e entra-se, então, em um ciclo de maior liberdade de expressão monádica.

Não vos esqueçais de que a mentira, a falsidade e o engano premeditado são insuflados no homem pelas forças degenerativas. Aqueles de vós que compactuam com essas ações estão ingressando no caminho da desintegração.

* * *

Deveis perceber em vós as sementes da mutação suprema. Deveis permitir que essas sementes germinem. Essas sementes foram por nós plantadas em vossa consciência, e aguardam o momento do vosso despertar para que possam manifestar-se plenamente.

Sem a mutação suprema não podeis transcender o vosso estado atual. Ela é comandada pelo propósito da vossa Mônada, em conjunção com as Hierarquias que guiam o ser na escalada evolutiva. Não haveis de temê-la, não haveis de criar resistências à sua ação com vossas expectativas humanas. Haveis, sim, de glorificar o Criador, pois somente com a destruição de tudo aquilo que é, em vós, obstáculo à evolução imaterial, podeis dar vosso próximo passo.

Avançai no caminho para o "vazio". É a única rota que vos levará segura e rapidamente à vossa Morada. Esse "vazio" é fruto da entrega, é fruto do total desapego ao que é material, desapego em que continuamente a morte do velho é seguida pelo nascimento do novo. Haveis de compreender esse sentido de transformação contínua. Haveis de entregar-vos a ela, de amar essa transformação, de amar a mutação, em vós, e liberar-vos de tudo aquilo que já não se presta ao trabalho do Plano. Haveis de amar a bênção divina que flui quando vos abris desapegadamente a isso. Nada vos pode deter quando permitis sincera e devotadamente essa destruição suprema. É também com essa energia da mutação que o Pai impulsiona o caminhar daqueles que foram chamados e que responderam. Não há tempo a perder.

# 14

# Saindo do labirinto

Apenas quando a insatisfação vos tiver consumido por dentro, apenas quando a busca pela realização interna vos deixar descontentes com tudo o que recebeis dos sentidos externos, poderá chegar até vós o FOGO, e transformar-vos.

Vigiai, porém, pois sutis são as armadilhas que encontrareis, e a ambição, filha das trevas, se apresentará disfarçada de muitas formas. Percebereis, entretanto, diante do que vos encontrais, pois o odor oriundo do cultivo de tais qualidades negativas se fará sentir, e não podereis suportá-lo.

Sabei também que o luxo é expressão da deterioração de uma civilização: é decorrente do vosso ilusório progresso e tem em seu interior a semente da degeneração.

O entorpecimento de vossas células tem várias origens, e se ao iniciardes vosso processo de despertar voltardes as costas para as oportunidades de tomar uma direção evolutiva, estareis agravando ainda mais a ferida que foi aberta no corpo planetário.

Estais cientes de que quanto mais podeis ver, maior é a vossa responsabilidade. Não deixeis que a acomodação e a inércia se apossem de vós; mantende a chama viva e, em devoção e entrega, consagrai vossa existência à Lei Criadora.

Podereis viver sob o peso de querer carregar a evolução da matéria. Mas quando não tiverdes mais ilusões, sabereis, Irmãos, o que tendes e o que não tendes condições de realizar. Também esse véu deverá cair.

Verdadeira é vossa aspiração de servir e de trazer nossa Luz aos planos tridimensionais. Porém, como podeis querer extrair ouro onde ele não existe? Vossa consciência deve estar totalmente voltada para a busca da Vida Interior, e somente quando estabelecer com ela uma ligação pura é que trará a semente das partículas áureas ao vosso nível material.

Uma verdadeira obra não se faz de fora para dentro. Se assim fosse, ao se formar externamente teria a sua estrutura fechada sobre si mesma e, sem preenchimento interior, ruiria por terra. Mudai totalmente vossos rumos e encontrai firmeza para abandonar tudo, as estruturas e os padrões exteriores que construístes.

A Lei em vosso sistema solar e em vosso planeta é a energia do Amor, mas quão deturpado é o vosso conhecimento a respeito dela! Nada sabeis de sua verdadeira expressão, de sua qualidade!

A consciência dessa Lei dirige vossas etapas presentes e futuras. Não vos enganeis com sincretismos; as mórbidas interpretações que destes a essa manifestação divina em nada se assemelham à Sua Essência.

Sabei manter a calma dos que vivem na Realidade interna, mas sem vos acomodar em pontos intermediários do caminho.

Vossa entrega e vossa sincera aspiração serão os elementos que destruirão vosso mundo de ilusão. Sede gratos, pois somente quando todas as vossas estruturas estiverem em ruínas podereis vislumbrar o verdadeiro Reino. Louvai esse caminho de regresso à Morada Cósmica.

* * *

Silenciai sobre o vosso processo. Deveis cuidar-vos com relação a isso, pois a maturação e a conscientização de cada indivíduo é tarefa de sua própria Mônada, e apenas por ambição e exibicionismo sois levados a, falando sobre vós mesmos, interferir no processo de vossos irmãos. O verdadeiro Serviço se faz por meio da irradiação, e não de palavras ocas de sentido.

Não dissipeis a energia que se encontra disponível para vossa elevação, usando-a com a finalidade de confirmar a realidade material. Enquanto mantiverdes vossos laços de união em planos humanos, com simpáticos amigos, afins e irmãos, o que podereis perceber de vossas ligações internas terá essa máscara ocultando a Realidade.

Tal embotamento da consciência exige de vós, para ser sanado, a determinação de morrer para permitir que o novo surja. A estagnação e a identificação com a matéria às quais como humanidade chegastes estão sufocando totalmente a Consciência interna. São densas as paredes que vedam a Luz e que resistem ao trabalho de nossas energias.

Não vos abandonaremos. Tais palavras são assim proferidas devido a mais uma das vossas infantis ilusões. Na verdade, estamos sempre presentes, mas sois vós que deveis despertar para o encontro conosco. Se vos estagnais em certo nível, podereis manter vossos contatos internos, mas não sereis muito diferentes dos amigos de boa vontade e dos aspirantes que permaneceram em um grau intermediário, e cuja consciência chega apenas às camadas superiores do plano astral. "Belas" experiências podereis ter, mas todas elas vos iludirão ainda mais!

Procurai uma vida de entrega e simplicidade. Arrancai do vosso ser todo e qualquer apego. É no silêncio de vossa firme determinação que encontrareis as setas guiando-vos nesse caminho. Estais em um labirinto escuro, e na maioria das situações não tendes a mínima consciência disso. Se tivésseis uma visão real do ponto em que vos encontrais, se a pudésseis suportar, tomaríeis a decisão de transcender definitivamente esse estado.

Concentrai vossos esforços em buscar a saída desse labirinto, acendei vossa própria Luz para verdes o caminho a seguir.

Dignos de compaixão são o vosso estado de consciência e o vosso planeta. Esclarecemo-vos, no entanto, que não existe em nós movimento emocional. Vivemos um mundo de Realidade, e o que nos leva ao trabalho nos planos salváveis junto a vós e ao vosso planeta é o ressoar, por mínimo que seja, da vibração de Essências resgatáveis clamando por liberação.

O grau de degeneração de vossa sociedade é tal que, ao vos reunirdes, o acoplamento de vossas auras se dá principalmente nos planos densos, e não vos unificais na Meta, Devoção e Louvor.

Segui, pois, conscientemente o vosso caminho. Segui como um peregrino solitário que não busca chegar a lugar algum nos planos materiais e que observa apenas a Luz da Estrela-Guia. Ele pode caminhar com uma multidão, porém a consciência da sua meta não é dizimada pela onda de massificação gerada por agrupamentos humanos.

Um mesmo ser a serviço do Plano pode assumir diferentes tarefas; constituem um leque de energias, de caminhos e de manifestações. Assim é tecido o Manto que protege o peregrino dessa rota ascendente.

Se estivésseis realmente imbuídos de vossa verdadeira tarefa não daríeis ouvidos a argumentos da mente, não buscaríeis comparação alguma e não deixaríeis que vossas raízes terrestres destrutivas viessem desviar-vos de vossa sintonia. Já não sabeis disso?

Quando procuramos vos contatar e vossos canais não estão disponíveis, ocorre uma transmutação do impulso a vós dirigido, que é então irradiado para a aura grupal e planetária. Assim, o impulso não se perde, mas a construção do canal específico de contato deixa de ser realizada naquele momento.

Que são as opiniões externas? Se ainda sois sensíveis às manifestações de agrado e de desagrado de terceiros, nada mais alcançareis que uma realização de nível astral. De que tendes medo? Das reações da sociedade e dos vossos amigos? Não viemos a vós para estimular medidas paliativas. Se ainda vos preocupa serdes repudiados pelos que se agarram a realizações humanas, ireis junto com eles para esse torvelinho de fantasias.

O ponto em que estais e as crises de amadurecimento por que passais e por que passam todos os que se encontram nesse barco e em meio a esse mar, são também uma forma de serviço, pois rompem cristalizações que cerceiam a expressão da humanidade.

Não vos cerreis em vós mesmos; devíeis ofertar vosso processo ao Serviço da elevação de consciências.

# 15

# Tudo está preparado

A Evacuação Planetária acontece em todos os níveis, como já vos anunciamos. Isso significa algo para vós, além da preocupação convosco mesmos? Perguntastes alguma vez qual a vossa tarefa no plano de resgate? Quisestes saber realmente que passos deveríeis dar? Ou ainda temeis a transformação, temeis que ela seja para vós demasiadamente radical?

Repetimos: tudo está preparado, mas a cada etapa novas possibilidades surgem. Sois parte de uma conjuntura e, se permitirdes, sereis instruídos diretamente, no calor de nossas naves, no âmago do vosso ser, para que vos torneis verdadeiramente instrumentos da Lei, espadas de fogo que vêm expulsar as trevas e trazer a boa nova.

Sabíeis que basta a presença de um indivíduo consciente, que tenha contato com a própria Mônada, para que o ambiente em que ele se encontra seja transformado? Sabíeis que isso seria possível para todos os resgatáveis? Mas assim não ocorreu. Foram escolhidos, foram chamados, e serão levados ao seu destino. Mas não como estava previsto, não como poderia ser. Em vez de colaborarem no resgate, irão adormecidos, pois não se prepararam a tempo. Em vez de se juntarem às legiões dos servidores da Luz, preferiram o sono dos tépidos. Poderiam ter descoberto a imortalidade e, na união com o ser interior, estarem junto a nós. Escolheram a miséria do cuidado humano, da autocomplacência, da morna e agradável vida "espiritual". Essa não é a energia do Espírito!

Seja qual for o vosso passado, aligeirai vossos passos. Em devoção e entrega, abri-vos à Lei Criadora, buscando a transformação.

Em vosso calendário-terra, dentro da vossa densa ilusão espaço-temporal, a hora está próxima. E será no Reino da Luz que vossas Mônadas transmigrarão para a Nova Morada.

A chave já vos foi dada. Usai-a.

# Segunda Parte

# CONVOCAÇÃO ÀS OPERAÇÕES DE RESGATE

# 16

# Formações energéticas atuais

Fostes convocados para um encontro conosco. Nossas naves estão presentes em vossa órbita, com diferentes funções. O controle das leis materiais é uma das nossas chaves, e estamos cumprindo o que foi determinado nos Concílios.

Nesta aguda transição de vosso planeta, nossos Comandos assumem tarefas que vos serão reveladas à medida que ingressardes em novos patamares. Certas informações ainda não podem ser transmitidas para um grande número de pessoas, pois as formas-pensamento que se criariam iriam dificultar nosso trabalho nos planos sutis.

Trabalhamos em vossa consciência, e toda intervenção nossa nos planos materiais tem a função de possibilitar a definitiva liberação dos vossos laços cármicos.

Alguns de nossos Comandos já vos foram revelados. Sabeis como coligar-vos com Eles; somente na pura entrega e devoção à Lei Criadora podereis sintonizar-vos com nossa Luz.

Não existe outra forma, irmãos, de chegardes até nós. Nossa aproximação de vossa consciência se opera através de um canal de Luz, que deve ser construído e galgado por vós na experiência vivida em vossos planos e na integração de vossa vida interior com vossa ação externa.

Três Comandos básicos, que já vos foram revelados, correspondem à atual etapa da transição planetária:

| ÓRION | ALFA | ALFA E ÔMEGA |
|---|---|---|
| Resgate e traslado | Cura e renovação dos elementos materiais | Integração Cósmica |

Todos eles trabalham pela evacuação planetária e cumprem diferentes etapas dentro de um Plano Maior.

O Comando ÓRION está diretamente ligado ao processo de resgate, no sentido de conduzir povos e correntes de vida para os mais diferentes pontos do Cosmos.

ALFA representa a Cura Cósmica em vosso planeta.

ALFA E ÔMEGA trata da reintegração do homem aos Céus e do reencontro da Mônada com a sua própria linha de Luz.

Podeis coligar-vos a Eles, internamente, em vossos momentos de entrega e oferta ao Pai. Entretanto, não busqueis fenômenos nem idolatrias. Abri-vos ao Alto e permiti que nossos Mensageiros operem em vós.

A transcendência das Leis materiais é ordenada por SAMANA e pelo CONSELHO CENTRAL*. Haveis de fazer parte dessa legião de servidores que, nos planos internos de consciência, atuam na atual situação planetária, transmutando-a, segundo o que está designado pelo Plano Maior.

O triângulo de energias:

| MIANUK | MITHUMA | ASHTAR ASGHRAN |
|---|---|---|
| Luz do Sol Central | Luz do Centro Evolucionário de Sírius | Luz dos Corpos Transcendentes |

representa conjunções energéticas com as quais deveis coligar-vos conscientemente daqui por diante.

MIANUK trabalha de maneira especial na integração do homem à Lei Cósmica; MITHUMA atua na recuperação dos elementos materiais (no homem) que se reincorporam à corrente ígnea da evolução; ASHTAR ASGHRAN promove a liberação do homem e sua união com a luz da Mônada, bem como a absorção da própria Mônada na Luz do Supremo.

Estai disponíveis para perceber essas energias atuando em vós, e aprendei a trabalhar com elas.

* * *

A conjuntura triangular de energias corresponde ao cumprimento de certas Leis do vosso Sistema Solar. Cada um

* CONSELHO CENTRAL: Inteligência que governa o Cosmos, a partir do seu interior.

de seus vértices pode ter uma função diferente na etapa da evacuação:

1. elevar
2. transmutar
3. unificar, promovendo o contato.

Um triângulo energético, como um todo, pode também desempenhar uma única tarefa. Nesse caso estará, na realidade, atuando com um vértice de um outro triângulo, o que não impede que seus próprios vértices desempenhem tarefas que são ramificações da tarefa maior.

Não podeis respirar e ver ao mesmo tempo? Não podeis pensar e agir simultaneamente? Do mesmo modo, uma atuação energética pode dar-se em vários níveis concomitantemente, e dentro da Lei.

Os indivíduos podem ir mudando de tarefa, e elas vão se transformando à medida que o Plano se desenvolve.

Mesmo novas combinações triangulares podem ser feitas e desfeitas repentinamente, segundo a Lei da Necessidade.

Triangulações energéticas estão presentes em vosso grupo externo, e são formadas para o cumprimento de diferentes tarefas. Não deveis fixar essas conjunturas com vosso consciente material, pois a afinidade entre corpos não é fator determinante. É uma afinidade interna que reflete sobre os veículos, aparando arestas e fundindo energias.

Existem também conjunturas de dois, cinco, sete e doze elementos, como sabeis.

As conjunturas de quatro, seis e oito elementos trazem um campo de tensão especial. São encaminhadas para tarefas que exigem ação imediata; armam-se e desfazem-se rapidamente.

Repetimos: não vos ocupeis em determinar arranjos com vossa mente externa. Permanecei abertos para percebê-los internamente, quando a necessidade assim o indicar.

As conjunturas de dois elementos estão no caminho da fusão. As de três, no caminho do serviço. As de cinco, no caminho da iniciação grupal. As de sete, no caminho do serviço manifestado. E as de doze, no caminho do serviço liberador — e englobam em si todas as outras conjunturas.

12 são os Raios Cósmicos
7 são os Sub-Raios Maiores em vosso sistema solar
5 são as extremidades da Estrela que vos chama
3 são as energias básicas do Cosmos
2 são as polaridades universais
1 é o Inominável, sobre o Qual nada se pode dizer.

* * *

ANTARES é uma base cuja consciência permeia todo o Cosmos. Dentro das linhas traçadas por Aqueles que têm a visão dos caminhos de cada partícula do Universo, ela executa as tarefas que lhe são entregues. Em muitos níveis, durante a evacuação do planeta Terra, ANTARES estará atuando como uma base intermediária entre o vosso sistema solar e outras galáxias.

Num certo nível, ANTARES aproxima-se da Terra. Receberá, como ponte de interligação, seres resgatáveis que se libertam do ciclo de vida terrena. O nível vibratório de AN-

TARES faz com que ela permaneça fora da órbita do vosso planeta; sempre, porém, em interna comunhão convosco.

Essa potente nave e base de operações trabalha mais ativamente em outros sistemas planetários, que, por apresentarem menor grau de densidade, permitem sua colaboração mais direta.

Dentre os muitos níveis de sua consciência-manifestação, ANTARES atua na escala vibratória do estado líquido, o que lhe confere importante papel no traslado de Mônadas provenientes de planetas com essa qualidade.

O equilíbrio entre o ingresso de certas Mônadas neste corpo planetário e a liberação de outros tem como ponto de apoio os níveis de consciência desta nave que, mesmo não estando diretamente ligada ao processo energético da transmutação, trabalha com o mecanismo de traslado das essências envolvidas.

* * *

No processo da Evacuação Planetária, a *aura do resgate* é criada pela Luz da espaçonave e pela Hierarquia que envolve e protege o ser na transmutação ou no resgate dos corpos materiais.

SAMANA

Consciência do Comando Central
da Evacuação

*Aura do resgate* Consciência da MÔNADA *Aura do resgate*

*Consciência externa
do indivíduo*

A Consciência da MÔNADA é o eixo e o centro de todo esse movimento, pois é ela o Corpo que está sendo verdadeiramente trabalhado no Caminho Cósmico.

A consciência externa do indivíduo eleva-se por atração magnética, mediante a ação de SAMANA (Consciência do Comando Central da Evacuação) em conjunto com a Consciência da MÔNADA.

Isso é possível pela inserção do indivíduo na aura de uma Hierarquia ou de um Comando encarregado especificamente daquela liberação.

Como podeis perceber, essa operação é uma Cerimônia Sagrada, onde a Mônada é estimulada e liberada, enquanto sua contraparte externa é elevada e transformada.

Deveis ter isso presente, pois é a Consciência que rege o encaminhamento dos processos materiais.

# 17

# Ascensão

Há Hierarquias Solares que trabalham diretamente o interior do homem que habita a superfície da Terra. São chamadas Sacerdotes do Sol, e transformam no ser humano a sua íntima essência solar. Manipulam e elevam o fogo interior daqueles que são os filhos do Sol, os anjos solares que, no caminho evolutivo, rumam para a evolução imaterial.

Há Hierarquias que cumprem essa tarefa junto a vós. Trabalham com SAMANA no Grande Plano da Evacuação Planetária, a Grande Cerimônia do Despertar da Mônada, o Nascimento de uma Nova Raça de Filhos do Sol na superfície da Terra que agora se integra aos Conselhos do Cosmos.

Deixai emergir do vosso interior a oração que invoca a Graça, o apelo que leva ao despertar todos os que estiverem verdadeiramente abertos à Luz.

* * *

De ERKS* emanam raios de bem-aventurança, e vossa serenidade interior há de ser cultivada e regada com as águas do desapego e da entrega suprema.

Nossa Luz será para sempre vossa Estrela-Guia, pois fostes reconhecidos e aceitos na Grande Fraternidade.

De nossas naves o Espelho vos chama. De nosso encontro fluirá até vós a energia da transformação definitiva, a energia da mutação transcendente. Vossos átomos serão elevados e transmutados quando trazidos à nossa presença.

Ireis participar cada vez mais conscientemente desse processo interior, mas para isso deveis deixar de criar resistências e de alimentar os obstáculos do consciente esquerdo. Deveis estar livres do apego às vossas reações. Deveis perder vosso sentido de autodefesa, pois estais entrando em novas Leis. Enquanto estiverdes vos defendendo, sereis ainda capazes de agredir, e com essa emanação não é possível entrar na aura sutil de nossas naves. A agressividade é incompatível com as Leis da Integração e União Cósmico-Estelares que agora vos são apresentadas.

Dos Planos Superiores emanam ensinamentos e bênçãos de cura e de renovação. Ingressai nesse caminho que se abre ante vós. Avançai, abri-vos à transmutação em vosso ser.

A etapa preparatória já terminou. A estabilização do vosso mundo material não faz parte deste nosso Mundo. Vivemos convosco uma mutação imaterial dos elementos, uma transformação contínua, decorrente do contato com a Fonte Criadora.

* Vide *ERKS (Mundo Interno)*, do mesmo autor.

Estais ingressando em novos mares, e se não derdes esses passos não podereis prosseguir. Vossa abertura deve ser pura e sincera, pois isso atua profundamente nos níveis etéricos e nos vários subplanos de outras dimensões.

Logoi abrigam em suas auras-consciências miríades de consciências humanas. Ao se trasladarem, transportam consigo todos esses núcleos. Percebeis como é necessário perderdes idéias condicionadas acerca de traslados futuros?

Lidamos com a energia do Universo, que é FOGO-CONSCIÊNCIA e FOGO-CRIAÇÃO. Na fusão desses fogos ocorrem os traslados magnéticos.

Um Logos, ao focalizar sua consciência em determinado ponto do Universo manifestado, transporta para lá uma porção energética do seu ser na medida e intensidade necessárias. Assim, miríades de mônadas são trasladadas juntamente com esse manancial de energia logóica.

Aquilo a que chamais "correntes de vida" são, na realidade, transmigrações comandadas por Grandes Entidades que atuam no processo, assumindo em si mesmas essa tarefa. Essas Entidades são coligadas ao Governo Celeste Central: vivem e exprimem a vontade magna e suprema do Criador.

* * *

Sabereis como e para onde vos conduzir se vosso destino for o resgate físico. O que determinará a capacidade de vos dirigirdes ao local correto é terdes a sintonia estabelecida dentro de vós.

O processo de resgate não se dá de maneira consciente se existem dúvidas ou divisões no indivíduo. A escolha é interna, é do vosso Ser Monádico; porém, se chegastes a aderir a ela, tendes um papel a desempenhar nestes momentos.

Com o cumprimento da Lei e com o ajuste de vossa sintonia podereis criar, como grupo, um contingente energético no plano físico, suficiente para que a parcela de estabilidade que deve vir como resposta da humanidade ocorra. Está acontecendo a implantação de uma nova semente na consciência humana, bem como a lúcida participação de seres encarnados no processo de evacuação planetária.

Sois convocados a vos integrar a essa corrente de liberação da Essência da Vida. Com o cumprimento da Lei encontrareis as chaves para vencer as provas que estarão em vosso caminho. Segui adiante na Fé, pois somente assim podereis desempenhar vossa tarefa em comunhão conosco.

# 18

# Consciência interior

Nas mudanças cíclicas maiores do planeta, nas mudanças de raça, há uma abertura para entrardes em níveis de consciência superiores e mais sutis. Assim, sois elevados em vibração.

Entre vós, os que podem liberar-se completamente dos laços materiais passam a integrar consciências superiores na aura da Terra ou em outros pontos do Universo. Assumem sua vida cósmica, e sua morada já não está em lugar algum do Cosmos, mas sim no interior de sua própria Essência.

Aqueles que aspiram a um desenvolvimento maior e que não reiniciarão o processo evolutivo em estágios primitivos, estando neste momento cíclico em algum subplano do nível físico cósmico, passarão a ter consciência em um subplano superior.

A humanidade, como "entidade" grupal que vive em determinado plano (apesar de alguns indivíduos estarem acima e outros estarem abaixo da média), também se eleva.

Não vos falamos de processos individuais. A vibração do planeta está sendo ajustada a uma escala maior, e todas as partículas, de todos os reinos (materiais ou imateriais) estão sob a onda dessa Operação.

Vós, como corpo-humanidade, sois uma peça desse conjunto e tereis vossa essência transmutada; somente tal mudança nos possibilitará implantar sobre a Terra um novo padrão de vida após a iminente purificação global.

A operação de evacuação é a consumação da Glória do vosso planeta. Dela faz parte a reestruturação dos seus diversos níveis de manifestação, desde a matéria física até as mais sutis e sublimes expressões no Universo Imaterial.

O processo que o Filho do Homem* iniciou nos planos materiais há dois mil anos vive hoje momentos de maturação. Aquilo que para alguns de vós era o caminho será agora uma realidade para todos os que permanecerem no trabalho consciente junto a nós, irmanados convosco na Luz Evolutiva.

Sois parte deste corpo-humanidade que ouviu o chamado e que positivamente respondeu a ele. Dentro de cada um que se uniu a essa consciência instalou-se a semente do despertar.

* * *

Nos tempos futuros não mais estareis circunscritos à limitada vida que ilusoriamente construístes sobre vosso planeta. Sereis conscientemente Filhos do Cosmos. De

*** Filho do Homem: Refere-se à Entidade Cósmica, o Cristo, que encarnou na Terra há dois mil anos.**

todos os Universos, e principalmente de vosso sistema solar, estais recebendo importante ajuda, correntes de vida e de energia.

Saturno, como Consciência Ascendida, envia-vos emanações transmutadoras. De vossa órbita planetária serão conduzidas para a aura de Saturno correntes densas que, ao entrarem em contato com a áurea vibração de seus anéis, serão imediatamente transmutadas.

Esses anéis, camadas de proteção e transformação, funcionam, dentro de uma conjuntura universal, como um dínamo; e, para o vosso planeta, como uma usina de vibrações transformadoras.

Simbolicamente podemos dizer-vos que, nos processos de ascensão de Saturno, a vontade, a devoção e o serviço plasmaram sua forma externa de modo a que o centro, o núcleo planetário, fosse envolto em tal aura.

Elevai-vos à Fraternidade Cósmica.

Um sistema solar forma-se por uma sintonia interna entre as energias que devem manifestar-se como seus membros. A cada corpo corresponde uma determinada parte da tarefa que deve realizar-se no sistema. Apesar da limitada visão que a humanidade terrestre ainda tem, foi-vos dada a oportunidade de ao menos conhecer os reflexos das Leis do Cosmos. Nunca vos foi tirada a possibilidade de receber Luz, Clareza e Instrução interna a respeito dos caminhos que deveis seguir. Tudo isso sempre esteve disponível para vós; mas, assim como o Sol está sempre em sua órbita sem que os cegos o vejam, também não pudestes ver o que sempre esteve diante de vós.

Uma das Leis que vos foi dada a compreender é a da Analogia. Através dela, sabeis que, do mesmo modo que um corpo humano ou um grupo se manifestam mediante a organização de cada elemento dentro de um conjunto maior, em muitas conjunções cósmicas essa mesma organização está presente, como um arquétipo.

Cada corpo celeste atua como um órgão de um corpo maior, o sistema, que, por sua vez, corresponde a um órgão de corpos galáticos.

No Cosmos, existem Irmandades que interligam e intercomunicam todos os componentes desse imenso conjunto. Essas redes energéticas são os Espelhos. É também nesse sentido que tendes a informação de que a tarefa Espelho abre muitas portas.

Ao integrardes a vossa Consciência Interior, ao permitirdes que sua vibração se expresse livremente, sem obstáculos ou deturpações humanas, percebereis a real consciência da unidade e de uma vida que flui como o vento que sopra trazendo a música que apenas aquele momento poderia compor.

Aquela parcela da humanidade que pode suportar a potência da realização da vida interior está recebendo, em todos os seus níveis, uma estimulação que a colocará como a ponta de uma lança abrindo caminhos para os que seguirão os mesmos passos.

Nem todos podem suportar a pressão de romper as fortes amarras que os separam da Realidade. Sabeis que os planos tridimensionais têm suas forças e suas leis, e durante milênios vós as reforçastes, vós vos identificastes com elas.

* * *

Uma das conjunturas das quais tendes conhecimento é a formada por doze componentes. Em certo plano, há uma correspondência entre uma Consciência Central, com suas Doze Expressões e o AVATAR, com suas Sete Mônadas. Aqueles que compõem esses doze ramos são, em essência, a própria fonte que os integra.

Muitos dos arranjos coordenados pela energia do Governo Celeste Central têm essa configuração. Os membros que a compõem, cada um deles expressando o seu próprio tom, manifestarão, reunidos, a cor que define aquele determinado conjunto.

Assim, a Hierarquia Estelar, SAMANA, tem sua expressão em doze Hierarquias que são Sua Voz e Sua Lei na órbita de vosso planeta.

Uma mesma Hierarquia planetária pode, num plano cósmico mais alto e mesmo numa conjuntura intraplanetária com diferente nível de estrutura, desempenhar outros papéis.

Do Conselho do qual já tivestes informação, THAYKUMA é integrante, expressando ali a energia da Unificação e Coesão Interna – é uma parte dessa sinfonia. No trabalho com os Espelhos, entretanto, ela é a própria sinfonia.

Quando uma Hierarquia é o ponto focal de uma qualidade de energia recebida diretamente de transformadores extraplanetários, a Consciência dessa Hierarquia atua, para vossos parâmetros mentais, fora do planeta, além dos limites da sua órbita. Da Fonte emanam os Raios, que tanto são retransmitidos por essa Hierarquia, como também atraídos por suas ramificações. Assim, os Raios atuam em diferentes planos.

No momento atual, o Regente Planetário, o Senhor do Mundo, AMUNA KUR,* jamais se manifesta. Seu corpo é a própria Consciência Planetária e não mais pode ser percebido como Consciência Individual. Sua expressão está em todas as Hierarquias que respondem pelas tarefas da Luz, e Sua Realização Imaterial O levará a outros pontos do Cosmos, até que chegue ao Seu Destino, às Portas da Vida Inanimada.

Entre os integrantes dos vários Conselhos, há alguns que trabalham em nível do plano físico cósmico, e outros assumem tarefas mais internas, atuando em planos ainda mais sutis. O contato direto com esses Membros não está ainda aberto para vossa consciência humana e, em vossos dias, pouquíssimos são os indivíduos encarnados que podem estar diante de Sua vibração. Tendes, trabalhando mais diretamente convosco, um segundo escalão desse grande Vórtice: as Escolas e Hierarquias de Instrução Interna.

Quanto ao Conselho de Miz Tli Tlan, este não se encontra no nível manifestado da civilização intraterrena do mesmo nome. Uma Entidade governante não pode estar no mesmo plano que o grupo por Ela conduzido. Assim como há, entre vós, canais de transmissão utilizados por consciências libertas, essa civilização tem aqueles que trazem a vibração da Consciência do Centro e que transitam livremente entre os planos. Nos níveis em que essa civilização está "materializada", encontrareis portanto canais de transmissão das Hierarquias que compõem o Conselho.

* * *

A Nave Maior, representante do Conselho Celeste Central, também está presente em vossa órbita. Ela é a chave e

* AMUNA KUR: Em uma etapa anterior, conhecido como SANAT KUMARA.

a Grande Presença na cerimônia de elevação do LOGOS do vosso planeta. Ela é o "diamante" e o "cetro" do oficiante maior na elevação do Ser Planetário. Ela é a Luz que guia a trajetória de vossas Mônadas no Infinito cósmico.

Contatai-a. Em sua Luz Azul ela cruza vossos céus e afirma neste Universo a certeza da realização superior. Contatai-a, repetimos, pois em vosso mundo interior ela abre caminhos para a vossa união com a Mônada. Invocai Sua Presença, pois ela é a morada do Regente que, nesse despertar, entoa sete vezes o som de louvor, integrando assim as Mônadas que não mais irão se esquecer de seu verdadeiro Destino.

Sois convocados também a estar diante dos VENERÁVEIS*. Vossas Mônadas contataram-vos dentro da aura e sob o comando das Hierarquias. Os encontros com os Veneráveis dão-se acima do Quinto Plano e refletem-se em vossa consciência externa no grau em que for possível à matéria captá-los. Esses encontros reafirmam as tarefas que vosso Ser interior tem a cumprir no Cosmos. Percebereis a presença dessas elevadas consciências como se estivessem dentro de vós, como se fossem vosso próprio Ser, e isso assim ocorre porque nesses planos a união é fato patente e requisito imprescindível para a manifestação da energia.

* **VENERÁVEIS**: Potentes energias e consciências que transmitem o plano evolutivo para a Terra através de sua atuação em Conselhos.

# 19

# Fonte de Luz Maior

Viveis momentos de seleção interna. Cada um está sendo atraído para o ponto que lhe corresponde como energia. Rápidas são as transposições cíclicas e, continuamente, ajustes se efetivam. Alguns de vós podereis ter a experiência de contato físico com nossas naves mesmo antes do momento final da Evacuação Planetária.

Visto do mundo da Realidade, dos níveis onde a Verdade é a única expressão, todo o nosso trabalho e toda a energia que é por nós colocada nos vossos planos de vida são para levar-vos ao despertar e libertar-vos das cadeias imaginárias nas quais vos prendestes. O que estais descobrindo é que essas cadeias não existem, a não ser dentro daqueles que ainda as afirmam e assim as fortalecem.

Todo o Universo manifestado é expressão de uma Idéia do Criador. A Realidade está na Fonte que envia o impulso. Ao ecoar pelo Cosmos, essa idéia é plasmada de acordo com a energia presente em cada área e em cada nível pelos quais ela passa.

Esse jogo de construção das formas tornou-se conhecido pelas forças involutivas que, no mundo tridimensional, desenvolveram a capacidade de emissão e plasmação de suas tendências. Várias correntes nesse mundo estão sob o domínio delas e, assim, aqueles que devem ser a chama pura de Luz não poderão ter nenhuma identificação com esses planos materiais.

Os indivíduos que são os verdadeiros terminais de nossas Redes devem ter a capacidade de repelir todo elemento evasivo e de não reafirmar limitação alguma. A consciência da Realidade, do Infinito, do Ilimitado, daquilo que não tem forma precisa estar completamente enraizada no mundo interior desses indivíduos, e eles, no meio em que atuam, devem constituir apoio para a nossa Expressão.

O trabalho das forças involutivas é o de construir continuamente formas e fortalecer a atração que estas exercem sobre vós. A Fé, a Aspiração e a Entrega aos níveis superiores criam o vosso escudo, perenemente bombardeado pelos ataques dessas forças.

Vossos veículos terrenos são constituídos de elementos originários dos planos materiais do vosso planeta, e trazem em si aspectos dessas forças dissuasivas. Não responderíeis aos ataques que delas sofreis se não houvesse em vós vibrações que lhes correspondessem. Ao baterem à vossa porta, essas forças encontram pontos obscuros em vossos trajes, e é por aí que se escoa a vossa energia.

Sabeis, há séculos, da necessidade de vos desapegardes de vossos trajes, porém agora, ao assumirdes tarefas e ao transitardes em níveis sutis, esse conhecimento torna-se uma exigência, como uma senha para ingressardes em certos trabalhos.

Sabeis, também, que não vos serão confiadas determinadas informações, se não puderdes preservá-las do risco de vazarem, podendo com isso tornar-se instrumentos de intensificação dos conflitos que se alastram pelos diversos planos do vosso planeta.

* * *

Não viemos resgatar vossas aparências, mas sim reunir as essências, as consciências internas que são parte de nós mesmos. Como sabeis, todos são Filhos do Único Senhor, porém deveis estar vibrando no nível correspondente para que possais ser reconhecidos como tal.

Não estamos aqui para salvar o que não tem valor algum nos planos superiores de vida. Viemos ao vosso encontro para vos trazer a libertação. Muitas foram as sementes lançadas, porém poucas as que se desenvolveram. Muitos foram chamados, poucos os escolhidos. A atenção às vozes externas não lhes permitiu ouvir esse chamado interior. E, naqueles que ambicionaram o controle e o poder advindos de mundos sutis, ecoou a falsa voz, a voz das trevas, arrastando-os ao poço da involução.

A Evacuação Planetária não é um fenômeno externo; é a consumação do ingresso, em grande escala, nos níveis de realidade sutis e sacros. O que pensais que se passou com todos os indivíduos que alcançaram a iluminação? O que chamais de santificação nada mais é que a vivência do processo de Resgate, onde a consciência material e os veículos sutis do indivíduo passam a contatar planos acima daqueles onde as forças da ilusão atuam.

A operação da Evacuação Planetária está sendo desenvolvida nessas bases. Tendo sido iniciada em escala individual ou em pequenos grupos de inocentes, está atuando agora em áreas onde a Lei de Purificação se manifesta. Seu trabalho tem sido o de levar os indivíduos, nos corpos resgatáveis, a planos onde possam desligar-se das forças da matéria (não só física), para que ingressem em uma vida guiada pela Lei Superior.

Aqueles que passam por esse processo têm seus veículos etéricos submetidos a um trabalho inicial logo que entram na aura de nossas naves. Sua rede etérica é afrouxada, e sua energia reciclada, sendo então expulsas as camadas de vibração mais grosseira que permeiam os corpos. A princípio, o que externamente pode ser percebido é uma serenidade, um certo "amolecimento", fruto desse trabalho. Os que têm abertura para contatos sutis podem notar também a presença dos veículos de Luz dos Irmãos que os conduzem, podem ouvir melodias suaves, ou ainda sentir aromas puríssimos.

Esse trabalho pode ter sido feito em diferentes graus durante vossa vida na superfície do planeta. Ele pode ter sido conscientemente assumido por vós através de uma disciplina de purificação dos diversos corpos, quando reconhecestes em vosso ser aspectos que deveriam ser transformados e de forma determinada vos abristes para superá-los.

Tê-lo realizado não só reduz o grau de inconsciência com o qual chegais aos planos sutis, como também elimina o risco de ocorrerem choques magnéticos que requeiram uma forte camada vibratória para proteger vossos trajes de uma possível desintegração.

Muitas são as maneiras de colaborardes com a operação de traslado, e o caminho para isso é sempre o da elevação. A essência da humanidade, como Luz, reúne seus núcleos, intensificando e ampliando a potência de sua irradiação. Eleva-se em seu caminho de ascensão e desprende-se do mundo material.

O deslocamento para vossa aura planetária, de consciências, como a da nave Alfa e Ômega, concentrando maior grau de vibração recebida a partir do Governo Celeste Central para a Terra, faz parte de uma linha deste Plano que, nas fases finais de vossa transformação planetária, se realiza.

Dessa importante base recebeis puras ondas de amor, transformação, luz e elevação que atingem a consciência dos indivíduos, atraindo-os e imantando-os de modo a, também eles, agirem como reflexos da Fonte de Luz Maior.

Do Governo Celeste Central chega, tendo passado pelos necessários transformadores, o impulso de Vida que vos faz prosseguir no caminho da Entrega e do Serviço. Não vos convocamos para uma vida de regalias ou para um paraíso construído com bases humanas, mas sim para um caminho de auto-superação contínua. Porém, se conseguirdes permanecer no nível que vos corresponde, encontrareis a paz, a união, a serenidade e a plenitude, comuns a todos os que puderam conhecer a Energia do Pai em seu interior.

Já tendes desenvolvida a percepção do trabalho feito a partir da consciência de nossas Naves sobre vossos veículos sutis. Ao serdes levados àquela aura, vos percebereis esvaziados de reflexos humanos. À vossa mente esse estado poderia parecer semelhante a "ficar no ar". Ela deixa de ter um solo para se apoiar, uma base para tecer seu mecanismo de pensamentos desenfreados.

A experiência do Vazio, da síntese completa, não está aberta para as consciências humanas ainda vinculadas à matéria. Apenas os seres libertos, os que não respondem aos apelos dos mundos de ilusão, podem conhecer tal estado; nestes momentos, contudo, estais tendo dele rápidos vislumbres.

Vinde, o coração alado não conhece o temor. O coração alado vibra em ressonância com ritmos cósmicos. Seu ponto de tensão corresponde ao chamado para o despertar, quando ele se eleva em asas de fogo.

# 20

# O momento do Encontro

Escolhestes o passo. Prossegui, pois o encontro está determinado. Nada há de vos impedir. Somos uma corrente que se estende além desse Cosmos manifestado. Tomareis conhecimento das extensões que vossa consciência poderá transpor, quando estiverdes unidos conosco.

Deveis recolher-vos. Isso significa que vossos sentidos devem estar voltados para o interior, e que deveis estar disponíveis para o contato direto. Depois de feitas certas conexões, podereis ser utilizados como portadores da nossa energia para os grupos que de vós se aproximarem, mas não antes. O verdadeiro trabalho é interior, e nada vos deve prender ao plano físico.

Está chegando o momento da exteriorização de uma mudança há muito presente. Deveis abrir-vos para assumir a condução de vossos irmãos que internamente estão unidos numa mesma tarefa. Passais agora a representar um canal de serviço consciente, e deveis ter a liberdade interior de estar prontos para as etapas que vos serão mostradas.

Muito haveis construído em termos humanos e evolutivos; chegastes, como grupo, a escalas raramente alcançadas na face da Terra. Deixai, porém, vossos laços para trás, desapegai-vos de toda a estrutura que haveis criado – assim, uma nova forma de trabalho poderá brotar.

Muitos dos que vieram convosco até aqui definirão sua rota, dirigindo-se ao caminho cósmico; outros, como sabeis, não poderão prosseguir ao vosso lado, pois não poderão dar o passo que lhes é exigido.

Não deixeis faltar amor em vosso ser; sem chegadas ou partidas, todos são um na consciência do Pai. Mas sabei que ficarão convosco aqueles que se definirem como participantes de uma linha de energia, de um Raio, de uma Hierarquia. Em uma escola de trabalho superior os indivíduos chegam, cumprem a sua parte e seguem sem sequer deixar ali impresso o seu nome. O Amor e a Entrega à Meta é tudo o que os nutre. Vosso grupo externo não entrou ainda nessa sintonia, porém deveis vivê-la em vosso interior, pois está escrito que podereis chegar a manifestar essa profunda compreensão da Lei do Serviço.

Criastes em vosso desenvolvimento redes em diversos planos, desde o físico até os mais sutis níveis cósmicos. Apartai de vós sentimentalismos, para que através das nossas luzes e da Luz dos Espelhos possais distinguir os novos fios que vos unirão.

Soltai toda e qualquer estrutura atual, e abri-vos realmente para perceber o vosso verdadeiro trabalho, que é essencialmente interno. Participareis de um centro irradiador, que só é encontrado interiormente. Ele existe eventualmente em conjunção com grupos externos, e reconhecer isso é agora a vossa tarefa. Estais inseridos em trabalhos internos; para isso fostes preparados. Vossa vida externa deve estar de tal modo simplificada que os que venham até vós possam conectar-se diretamente com o mundo interno a partir da comunicação que estabelecemos convosco.

A tarefa de cada um não é maior nem menor que a de outro. Vossa tarefa é única, é a que vos cabe, e é onde o vosso Ser deverá manifestar-se. A energia interior deve estar de tal maneira disponível em vós, que permita a integração dos grupos nos planos internos.

* * *

Sabei que vossos dias estão próximos de um desfecho. Haveis de aproveitar ao máximo todo o vosso tempo para manifestardes a NOTA vibratória que deverá ser impressa no campo etérico magnético do planeta.

Enquanto estiver se consolidando a construção de um inter-relacionamento magnético sutil entre a nova civilização e a humanidade da superfície, todo o tempo precisará ser dedicado a esse trabalho – e aqui haveis de ter em conta a energia gasta em pensamentos e sentimentos humanos.

Estais inseridos em uma conjuntura cósmico-estelar cuja qualidade é a que deveis imprimir na matéria densa de vosso ambiente e de vossos corpos terrenos.

Se estais decididos a assumir essa etapa, esforçai-vos em discernir aqueles que deveis ter mais próximos de vós nesse trabalho de formação, pois essa base há de ser sólida.

Sabei que toda oferta é aceita, mas é dinamizada na proporção da sinceridade do indivíduo e de sua possibilidade de assumir externamente os passos a que no seu íntimo se propôs.

Trabalhai pela transformação do vosso ser, e não só por uma mudança em superficialidades de caráter. Caminhai como canais da nossa Luz. Tende fé, e não coloqueis obstáculos a essa manifestação. Convocamo-vos a estardes em contato mais direto conosco.

# 21

# Assumindo a Eternidade

Em vossos dias sobre a Terra, sede como um raio de Luz que penetra nos turvos mundos da ignorância; porém, advertimo-vos que deveis resguardar vossas convicções internas. Muitas serão as reações contra os que dedicam sua vida ao trabalho pela evolução superior.

Basta que uma chama se acenda para que soprem sobre ela ventos contrários. Repetimos que até nos momentos finais, que se aproximam, sereis testados em vossa fé.

Não há, de nossa parte, intenção alguma premeditada de apresentar a vós provas para vos testar. As próprias exigências da preparação dos corpos é que as atrai. Não podeis ter dúvidas ou reações contrárias, quando em meio ao processo de traslado.

Muitos passarão por uma desintegração-reconstrução dos corpos a fim de poderem ser trasladados do plano físico para o interior de nossas naves. Para outros, esse ingresso é feito a partir da elevação e condução dos corpos através de canais magnéticos. Principalmente neste último caso, os trajes do indivíduo precisam estar coesos, pois todo um espectro de freqüências é percorrido no curto período em que a transposição ocorre.

Essa mudança de nível de energia requer um intenso trabalho, e estareis sendo acompanhados. A todos os que tiverem condições de passar por ela conscientemente será dada a oportunidade de vivê-la desse modo, pois à medida que ela transcorre, chegará à consciência a clareza sobre os passos a serem dados.

Conscientemente, e com a ajuda de Entidades específicas, esses indivíduos obterão controle sobre a agregação de partículas que mantém seus corpos coesos e sobre a fusão dos veículos mental e emocional.

Já vivenciastes bastante, em vosso trajeto humano, a disparidade que comumente existe entre a energia presente no corpo mental e aquela presente no corpo emocional. Nas etapas futuras deste planeta, porém, aqueles que viverão em corpos materiais irão dispor de um único veículo de percepção e resposta que, já purificado das deformações trazidas pelas errôneas escolhas do livre-arbítrio humano, terá consciência da sua tarefa, vibrará em uníssono com os irmãos, compreenderá interiormente situações, indivíduos e a própria existência.

Não mais vireis a este planeta para vos distrair com vosso processo individual. Aqueles que aqui encarnarem trarão o claro conhecimento da parte do Plano que lhes cabe.

Alguns de vós transcenderão os limites planetários e atuarão em grupos, Conselhos ou Hierarquias que têm sua expressão em muitos pontos do Cosmos. Outros, a grande maioria, após a reorganização da superfície do planeta, voltarão a povoá-lo, mantendo porém uma interação maior com as civilizações intraterrenas e extraterrestres presentes na órbita da Terra. Assim, aqueles que finalmente se libertarem de todos os vínculos com os planos densos poderão transmigrar para outras órbitas, imateriais, enquanto a nova vida sobre a Terra conhecerá a integração e a cooperação.

Na manifestação dos Universos, o Criador não usa apenas um elemento; é a harmoniosa conjunção da terra, água, fogo e ar que constitui a beleza das formas regidas pelas Leis. Na vivência e compreensão dessa ordem, podereis experienciar a expressão da qualidade de uma energia em comunhão interna com outras. Todas elas reunidas compõem o mais belo quadro jamais visto por vós, pois ainda desconheceis a exteriorização de um conjunto que, isento de aspectos pessoais, esteja entregue apenas à sua manifestação e à Vontade Maior.

Muitos serão os ajustes por que passarão vossos corpos para estardes completamente imbuídos dessa vibração superior. Sabei, porém, que tudo o que tendes para fazer é manter-vos no caminho com perseverança e entrega. Todo o resto é levado adiante pelo vórtice de energia no qual ingressais ao permanecer nessa sintonia.

Preparamo-vos para colaborardes conosco nos momentos finais da evacuação planetária. O nível de turbulência que poderá haver nos planos materiais irá requerer indivíduos que possam ser bases de sustentação e equilíbrio.

As informações que vos chegam vão possibilitando às vossas células mentais, emocionais e físico-etéricas começarem a vibrar em determinada freqüência. Essa contínua renovação, esse alimento sutil vos abre a um trabalho interno de que não tendes consciência, pois seus efeitos serão observados apenas nos momentos de prova e necessidade, quando então vereis brotar do vosso interior as sementes que em vosso solo foram plantadas.

Não vos ocupeis com o tempo; vivei vossa vida terrestre cotidiana com a consciência da eternidade, mas também cientes da urgência dos ritmos externos. Aquietai vossa mente, abstendo-vos de julgamentos e comparações. Afirmações como essas, aparentemente opostas, se complementám e vos abrem à introspecção, se realmente buscais a atitude correta diante das instruções que vos transmitimos nesta etapa final.

Somente quando assumirdes totalmente a eternidade em vós mesmos é que se vos abrirão as portas da vida imaterial, e para que possais trabalhar nesse sentido, deveis saber aproveitar a infinidade de oportunidades que vos chegam nestes momentos de intenso preparo.

O processo de resgate interior, de transmutação das Mônadas tem, na fase de despertar e de formação de núcleos de contato e irradiação nos planos materiais, um impulso maior. Isso ocorre porque devemos contar com determinado número de Mônadas de maior voltagem e controle sobre os veículos, trabalhando entre vós na formação de uma rede energética composta por indivíduos que respondam aos impulsos que lhes enviamos das naves e atuem em sintonia total com eles.

O chamado chegou, e chega, a todos os rincões da Terra, pois o Pai não esquece nenhum dos seus filhos. Deveis saber, porém, que nem todos escolheram esse caminho e que, com a mesma precisão e amor que sereis conduzidos a escalas superiores de evolução, esses vossos irmãos serão levados para os níveis que lhes corresponderem.

Repetimos: apartai-vos de sentimentalismos humanos com relação a esse fato, pois não poderia haver violência maior do que a de colocar um indivíduo sob uma vibração que ele não pudesse suportar. Também nessa seleção a Lei regedora é a do Amor. Contudo, sabeis compreender o real sentido dessa energia?

Estais preparados para seguir vosso caminho como Mônada. Viestes ao mundo como indivíduo, e foi durante vossa vida terrena que criastes vínculos com coisas, idéias e pessoas. Para o vosso caminho cósmico não podereis levar nenhum desses laços materiais e supérfluos, pois vossa única e verdadeira ligação é com a fonte de toda a Vida – nessa síntese é que estareis unidos a todos.

Desapegai-vos de qualquer idéia que possais ter sobre quais deverão ser vossos companheiros de caminho, pois principalmente aqueles que já puderam atingir determinado grau de harmonia no trabalho em conjunto poderão, nos passos futuros, estar libertos para exprimir sua Luz interna em diferentes pontos do Cosmos, unidos a vós, como um todo, pela entrega ao Plano.

O trabalho de vos reunirdes em grupos para tarefas espirituais, trabalho que vem sendo estimulado há décadas, teve pequena resposta. Poucos foram os que conseguiram vislumbrar a profundidade, a seriedade e a inteireza necessárias para sua realização. Os interesses humanos, a comercialização, a inclusão de indivíduos sem meta definida, a mera necessidade de contestação social, o mau uso do sexo, a utilização de drogas e a falta de aprimoramento de caráter minaram quase todas as sementes lançadas.

Alguns dentre os poucos grupos que se mantiveram na pureza da Meta estão podendo ampliar seu raio de ação junto às linhas de desenvolvimento do Plano de Evolução planetária, bem como estão sendo estimulados a manifestar, nos níveis materiais, um reflexo da Hierarquia, a vivência de padrões que prenunciam um novo sistema social e a possibilidade de criação de pontes interdimensionais.

O trabalho desenvolvido por esses grupos promove a consumação, nos planos tridimensionais, dos vórtices de energia existentes nos locais para onde eles são atraídos. No entanto, esse nível de cooperação não é possível para homens fanáticos que, de modo fantasioso e irreal, se intitulam porta-vozes dos Comandos de Evacuação.

Aqueles que não seguem pelo menos as leis básicas de conduta dos vossos planos não poderão entrar pelas portas do Cosmos. O trabalho de colaboração conosco foi e é um trabalho de elevação de energias.

A deturpação trazida pela propaganda, ressaltando os aspectos fenomênicos de nossas manifestações, desviou muitos do caminho. Porém, a sabedoria interna trouxe através disso outros que se deixaram elevar por essas estimulações, e que depois transcenderam o nível material que as encobre.

Num planeta onde a condução dos povos está nas mãos de governantes que não merecem respeito pelos seus atos, não poderia ser diferente a constatação final de que apenas uma mínima parcela (dez por cento) da humanidade pode passar por esse processo de resgate.

Todas as civilizações conscientes são governadas por altos iniciados; o poder de conduzir o povo é delegado a indivíduos ou a grupos que possam trazer dos níveis internos as diretrizes a serem observadas. Apenas em vossa humanidade vemos civilizações inteiras enredarem-se em experiências cegas, sem Luz e Conhecimento, por não terem sintonia interna com o Plano que guia a evolução do Cosmos.

Louvai e alegrai-vos, pois um novo Sol já brilhará em vosso horizonte, mostrando-vos os caminhos a seguir após esta longa noite de trevas.

Estamos convosco nestes novos passos.

# 22

# Prenúncio de paz e harmonia

Cada núcleo de vida que se manifesta no mundo material constrói ou intensifica campânulas energéticas de determinada freqüência. Vossas grandes cidades, como núcleos que reúnem grande número de pessoas (e cada ser vivo é um gerador de energia), chegaram a um grau de densificação e concentração de correntes negativas altamente limitadoras da expressão da Essência Superior dos indivíduos. Essas cidades passaram a funcionar como usinas a serviço de jogos de forças involutivas, constituindo-se em verdadeiros hiatos na aura planetária, onde a vibração superior praticamente não existe. A promiscuidade e o estímulo às baixas vibrações ali presentes trazem o ponto de consciência de grande parte dos homens para níveis inferiores.

Com isso, a penetração de ondas de renovação, Luz e Vida nesses locais exige cada vez maior dispêndio de energia.

Muitos de vós não poderão levar o processo de busca interna em meio à vida diária nesses grandes centros. Por isso, há décadas estais sendo estimulados internamente a vos reunir com indivíduos afins, a buscar a vivência de padrões de conduta superiores, em locais onde o grau de densidade astral não vos exija excessivo trabalho de desanuviamento da aura grupal.

Aqueles que realmente têm sincera aspiração a servir serão conduzidos a essas áreas, onde poderão integrar-se a grupos de verdadeiros companheiros de caminho, assumindo sua posição dentro de uma engrenagem em que cada um tem sua parcela de contribuição a dar. Como sabeis, é necessário profundo e contínuo trabalho individual de aprimoramento de caráter para que tais projetos possam concretizar-se.

Assim, como fator de equilíbrio, passam a existir no planeta áreas onde a energia correspondente ao nível de consciência intraterreno ou extraterrestre pode aflorar, continuamente trazida à vossa civilização de superfície através de canais magnéticos e da Luz dos Espelhos.

* * *

Deveis aprender a separar os diversos tipos de trabalho em que vos engajais. Há uma determinada qualidade e uma potência de vibração a serem manifestadas em cada local e em cada situação em que vos encontrais, e não é o vosso envolvimento com o plano em que se desenvolve a ação externa o que vos dará compreensão e clareza sobre as atitudes a serem assumidas; a contínua união com a vossa Essência é o que vos trará a exata medida do que devereis expressar como energia.

Quando o Chamado se fizer ouvir em vosso interior, quando vossos olhos buscarem encontrar-nos no silêncio de nossas noites, escutareis o canto de comunhão abrindo-vos à integração com o Universo e ao legado cósmico que vos pertence.

Vosso destino e o de todos que realmente buscam servir ao Pai é a alegria desse encontro. Na paz do vosso coração está a certeza de que viestes à vida para vos realizar nessa comunhão de essências.

Sereis envolvidos nos aromas sutis que exalam dos Irmãos que vos cercam e que seguem trabalhando em união convosco, trazendo-vos contatos sublimes com puras irradiações.

Estamos aqui em nome da paz que buscais e em nome do amor de que tanto carece vossa superfície planetária. Quando o som da trombeta cortar os céus chamando-vos para o encontro final, não tereis dúvida nenhuma, pois a Luz da nave do Comandante Maior será vista dos quatro cantos da Terra e sabereis o caminho a tomar.

Não vos podemos dizer da alegria que experimentareis, pois é única a impressão que causa esse reencontro, essa entrada definitiva em vossa Morada.

Nenhum ser vivente deixará de ter no coração o toque do espírito do amor. Aqueles que seguirem os caminhos da evolução ascendente receberão o alimento que fará desabrochar neles flores de oferta e de glória. Aqueles que em sua existência mantiveram-se apartados da Luz, finalmente a verão; levarão com isso, para os rumos que irão tomar, a semente de um novo começo.

A voz da Boa Nova ecoará e sereis os instrumentos para que ela possa se expressar e tornar-se o bálsamo para as dores e os conflitos de que vosso planeta sofre.

Vossa integração cósmica se anuncia, e na quietude de vossos momentos de entrega e oração vos elevais acima de vossa pequena e limitada consciência humana. Nós nos encontraremos em serviço, louvor e união, glorificando a Fonte que supre a todos.

Estais num Reino de paz e harmonia; ao cruzardes os céus transitareis entre planos que se intertecem, formando o manto de Luz onde se imprimem desenhos traçados pelo Criador. Estais continuamente em contato com nossa energia e vos tocamos com um silencioso chamado, convocando-vos a vos abrir para vosso verdadeiro papel de Filhos do Cosmos.

Aliviai-vos de vossas mochilas, de vosso apegos, e lançai-vos ao Infinito com a confiança de que não estais sós. Não sabeis o quanto recebereis nesta viagem de Regresso! A nave já dá seus últimos sinais, chamando-vos para a partida. Sois esperados, e vosso lugar no grande Universo já está marcado. Cruzai os portais que vos separam dessa caminhada, pois sabeis quais são os laços que vos atam aos planos tridimensionais.

Calai os pensamentos que cruzam vossa mente, pois não podeis negar o que não mais pode ser ocultado. Afrouxai vossas resistências, pois é um sinal de amor e de ajuda que estejamos convosco e que sejamos as luzes, os faróis que iluminarão vosso percurso.

Nem todos escolheram rotas curtas e diretas, e a cada resistência, a cada fechamento que vos impusestes, mais obstáculos colocastes em vosso trajeto. Sois vós que agora deveis superá-los e, para isso, podeis contar com a ajuda interna.

Há milênios estamos trabalhando junto a vós e em vossa aura planetária. Viemos ao vosso encontro por uma convocação para vos conduzir à consciência de que sois parte de uma família cósmica, e para vos retirar do nível de ignorância que vos levou a uma total identificação com a vida material.

O resgate é a consumação e o reconhecimento de vossa integração nessa grande família, pois o filho pródigo um dia retorna à Casa paterna.

Sob vossos pés estão os tesouros de civilizações* que deveis espelhar. De nosso Conselho Maior recebeis as mais suaves e puras ondas de amor, e também a força necessária para vos manterdes no caminho da Luz.

* Vide *ERKS*, *MIZ TLI TLAN*, *AURORA* e *MIRNA JAD*, do mesmo autor.

# 23

# Consciências Estelares

Muitos são os sinais que vos estão sendo dados para conscientizardes que estais no fim de um ciclo já tantas vezes anunciado. Com a tecnologia que haveis desenvolvido sem a visão da universalidade da vida e buscando resultados imediatos e materiais apenas, chegastes a um grau de poluição e degeneração sem retorno.

Hoje sabeis que os danos causados pela poluição química são irreparáveis, e que o perigo de uma radiação nuclear ainda maior do que a existente é um problema para o qual não tendes solução por meio de vossos métodos científicos. Esses fatos vão trazendo à vossa consciência a constatação de que estais em um final de linha, em uma estrada sem saída. Chegareis às nossas Luzes se realmente buscais a força interior para seguir lutando pela Realidade que no íntimo de vosso Ser conheceis.

Sob o comando de Consciências Estelares, estamos em vossa órbita planetária para cumprir um programa de Libertação e ajuda em nome da Luz, do Amor e da Vontade do

Pai. De Andrômeda levantam-se Fogos que cruzam os Universos, reunindo e revitalizando núcleos internos em transmutação e fervor, chegando à vossa aura planetária e sendo recebidos pelas Luzes dos Espelhos que vos iluminam.

Quando estais abertos, em recolhimento e quietude, sois percorridos por essas correntes ígneas que vos proporcionam deslocamentos na consciência e a possibilidade de cada vez mais ingressardes em níveis de vibração bem acima daqueles com que até então lidastes.

O próprio processo de abertura, recepção, resposta e integração vos prepara para entrar na freqüência vibratória de nossas naves.

Alguns de vós serão resgatados em corpo físico; outros, porém, tendo trabalhado a desidentificação material, já aspiram por contato e vivência em níveis sutis. Neste último caso, praticamente terão o processo de evacuação levado a cabo pela própria energia que já se encontra em seu interior, e os laços da matéria os retêm apenas pelo serviço que prestam; não mais estão, todavia, encarcerados nos veículos tridimensionais.

A elevação que todos os verdadeiros instrutores trouxeram à Terra vos conduziu a esse ponto pois, nos momentos finais deste ciclo, quando puderdes estar mais conscientemente em vossa verdadeira tarefa, não sereis obstáculo para vossa própria liberação individual, nem exigireis a canalização de energia para esse fim. Se previamente fizerdes essa preparação, mais energia poderá ser destinada a ajudar muitos outros setores, nestes momentos de tanta mobilização e tanta transformação.

O contínuo trabalho de elevação, de busca da Consciência Interior e de entrega ao Serviço abre portas para uma integração da qual podereis ir gradativamente participando. Tendes um vasto campo de desenvolvimento à vossa frente; sabei, entretanto, que os passos dessa caminhada são internos, e que nenhum obstáculo humano pode impedir-vos de entregar vossa vida ao Pai, pois isso é feito no silêncio do vosso íntimo.

O Sol intensificará seus raios, e com sua força de vida e renovação deitará seu calor sobre a Terra. Vereis subir do solo o fogo da purificação, resultado de, como humanidade de superfície, terdes renegado o caminho que reiteradamente vos foi mostrado.

* * *

Basicamente, há três tipos de contato, mas existe toda uma gama de variações e nuanças entre um e outro tipo, bem como canais que absorvem em si mais de uma das modalidades.

O primeiro tipo diz respeito à captação de orientações internas para a evacuação planetária e para a formação dos indivíduos resgatáveis no caminho de união com a própria Mônada.

O segundo tipo é realizado por indivíduos que assumem a própria tarefa evolutiva no plano físico e a desenvolvem sem, contudo, ter consciência de que estão sendo inspirados internamente e de que suas ações estão em consonância com um plano superior. São estimulados a desenvolver transformações sutis entre os seus coligados e no seu ambiente. São indivíduos resgatáveis, que prosseguirão nesse processo de forma aparentemente inconsciente até o último momento, movidos sempre por uma certeza interior e por uma fé que nestes tempos deverá ser aprofundada. Trabalham em silêncio, e não têm idéia de que são nossos prolongamentos nos planos materiais. É melhor que isso se dê assim, pois nem todos estão no caminho do contato consciente com nossas energias.

O terceiro tipo de contato corresponde à materialização de nossas naves e de nossos agentes, para um relacionamento direto com o canal. É fruto de um prolongado preparo interior, considerando-se as etapas a cumprir, e não o vosso tempo-calendário. Assim, pode ocorrer a materialização de um corpo sutil nosso no ambiente físico em que vos encontrais, ou o traslado dos vossos veículos (o físico inclusive) para uma nave ou para uma de nossas cidades.

As Hierarquias já têm canais de contato estabelecidos em todo o planeta. São seres que foram testados, aprovados e que agora estão sendo afinados nessa tarefa. Esses canais de contato já estabelecidos abrem caminho, no corpo da humanidade, para que esses processos também possam acontecer com outros indivíduos, no momento do resgate.

As etapas de desenvolvimento dessas modalidades de contato podem conviver umas com as outras e não seguem nenhuma cronologia que conheceis. Permanecei abertos, portanto, pois entre vós há os que estão sendo preparados em todas essas direções. Alimentai em cada um a semente do que há de mais positivo, pois estareis assim colaborando com o nosso trabalho. Lembrai que o que mais importa é a efetiva liberação da consciência dos planos materiais, e não a etapa preparatória para isso, cujo ciclo já foi completado. Não dissipeis a energia disponível para a vossa tarefa, mas assumi o que vos está sendo pedido. Tereis toda a ajuda necessária para prosseguir.

Somos uma única corrente de energia, o que se tornará consciente aos vossos sentidos. Agi impessoalmente.

Isso se faz com a entrega, e não com a vontade humana. Nossa Luz vos damos.

Caminhai entre as trevas que se instalaram ao vosso redor. Elevai vossa lâmpada, até que não possais suportá-la sozinhos. Somente então uma Luz maior se fundirá à vossa, que é a mesma que arde nas lâmpadas de todos os servidores. Nesse momento aprendereis que não estais sós, vereis que fostes sempre acompanhados. Sereis aceitos como portadores do fogo celestial, e levareis a vossos irmãos a tocha que os conduzirá aos portais da liberação.

# 24

# A cada um a sua tarefa

Não esperamos de vós o que não podeis dar. Consideramos o vosso potencial interno. Sois capazes de cumprir as tarefas que vos são apresentadas e, dizemo-vos, podeis fazer ainda mais do que tendes feito.

Não vos cobramos atitudes. Cumprimos nosso papel junto a um Plano Maior, e vos estimulamos no Caminho do Despertar. Sem o vosso devotado serviço não seria possível prosseguirmos, pois estaríamos estimulando o vosso orgulho e a vossa ambição. Portanto, o sinal vos foi dado, e repetidas vezes reiteramos o que já havia sido indicado. Dai o passo ou, neste ciclo, a porta se fechará para vós.

No Concílio Celeste estamos convosco, e nos unimos às vossas Mônadas. Nesta Terra chamamo-vos ao serviço assim unificado. A escolha é vossa, sabeis.

Que a Luz seja por vós aceita. Não há tempo para distrações ou para o esquecimento de que estais realizando uma tarefa. Haveis de formar, verdadeiramente, uma rede energética transmissora de nossa energia. Estais encarregados da condução de irmãos vossos que, mais do que vós, necessitam de orientação. Renunciai a preferências e reconhecei vossos companheiros nesta nova etapa.

O Plano não pára à espera de indecisos. Há tempos estais sendo pacientemente preparados, acompanhados e amparados em vosso processo humano e de despertar. A Misericórdia Cósmica é infinita, mas age dentro da Lei. Muito haveis recebido, e se não vos doardes agora tereis que aprender a fazê-lo em outro ciclo. É hora de dar o que recebestes àqueles que têm fome e sede de conhecimento, e que estão prontos para receber as sementes de Luz que sois capazes de transmitir. Tudo está diante de vós. O que esperais?

Para o nosso CONSELHO não há preferidos. Vossos méritos se transformarão em peças de museu, se não derdes os passos que vos estão sendo indicados. Abandonai vossos vínculos com pessoas e coisas da Terra, pois o que vale mais que o reconhecimento da unidade com o Criador de tudo e de todos? Não há laço terreno que neste momento possa se sobrepor ao impulso para o serviço cósmico. Se avançardes, aqueles que a vós estão coligados tomarão seus próprios rumos e terão gravada em suas células, como exemplo, vossa resposta a esse Chamado.

Não vos ocupeis com aquilo que não vos diz respeito. A vós cabe cumprir vossa tarefa dentro do plano de recuperação da Terra, e não ser pajens dos que não querem caminhar.

Não é mais possível, no campo de tensão que está se formando na órbita planetária, conviver com meias medidas.

Já vos foi insistentemente falado da mudança planetária*. Até quando ireis pactuar com a inércia que se acumulou em vossos tecidos? Até quando deixareis de assumir o que vos está sendo apresentado pelo Plano, com a desculpa de que ajudais aqueles que "dependem" de vós? Não vos parece presunção e orgulho do vosso mecanismo humano julgar que alguém depende de vós? Na verdade, do Criador dependem todos os seres. Essa fonte única de vida e sabedoria infinita pode dispor dos instrumentos que quiser em cada situação. Não haveria ele de levar tudo e todos em consideração? Se ela vos está convocando a outro grau de adesão e serviço ao Plano, não estaria também suprindo as necessidades daqueles que não despertaram? Muito já vos foi transmitido, e por isso grande é a vossa responsabilidade. Compreendeis o que vos estamos dizendo? Tendes responsabilidades diante da Lei Maior e todos, um dia, chegarão às suas moradas celestiais. Assim sendo, por que não respondeis agora, quando tudo está disponível para vós?

Escutai vossos mais íntimos anseios, e em segredo falai ao SUPREMO.

* * *

Estai prontos para ter diferentes energias atuando em vossos corpos. Hierarquias preparam-vos para uma coligação direta com elas, e através disso sua irradiação deve descer até o plano físico-etérico.

Nossa energia nunca vos faltará, se estiverdes no nível que corresponde à nossa vibração. Cada plano tem suas Leis.

* O planeta está deixando de ser regido pela Lei do Carma material, para entrar na Lei Evolutiva Superior.

Sabeis disso. O Cosmos infinito, assim como vosso sistema solar e vosso planeta, tem a sua regência. Nesse conjunto inominável, nada fica entregue a si mesmo. Até no estado por muitos chamado de "anarquia divina"* também existe uma ordem – a ordem do Imutável, ordem do Absoluto, que tudo contém. Portanto, obedecemos a Leis. Seguimos os impulsos do Comando Maior, pois provêm do Imutável que buscamos manifestar.

Podereis estar conosco sempre que entrardes nos planos que correspondem a esse contato. Apenas permanecereis sós – e sabeis que isso é mais uma ilusão dos vossos veículos – se estiverdes cristalizados e se não avançardes. Se fordes adiante, mesmo que vossos coligados, vossa tarefa, vossos veículos ou vosso planeta não vos puderem acompanhar, sereis levados sem eles, pois, para a aproximação ao Centro Cósmico que a tudo rege, não se deve ter impedimentos. Haveis, na fé, de avançar, sem preocupações humanas.

* Anarquia divina: Estado de consciência existente em certos pontos do Cosmos onde a expressão da energia não segue leis hierárquicas.

## Terceira Parte

# SÍNTESE SUTIL

# 25

# A elevação da Mônada

O único meio de vos integrardes ao **PAI** é a ascensão em vertical, a unificação do vosso SER, de plano em plano. Não podeis, pela tentativa de vos ligardes a elementos que compõem os planos que atravessais nesse trajeto, chegar à verdadeira união.

A Mônada, à medida que se eleva, transfere a focalização de sua energia de um plano a outro de consciência. Em cada nova etapa, o mesmo processo se repete: ela verte a sua energia para determinado plano, e se identifica com ele; absorve depois essa energia, e a eleva ao plano seguinte. Quando a Mônada se desidentifica do plano no qual esteve polarizada, uma síntese a enriquece, pois enquanto ali enfocada sua energia mesclou-se com as daquele nível. Com essa ascensão da Mônada, ocorre também uma sutilização da matéria de que ela está se libertando. Transporá assim, um a um, todos os planos, até que seja absorvida em um núcleo maior.

Cada plano é um estado de consciência bem definido, e tem suas próprias leis. Nenhuma união em horizontal, ou seja, nenhuma das ligações feitas no mesmo plano em que a Mônada está polarizada, é a verdadeira união; essas ligações fazem parte da etapa em que a Mônada se identifica com a vibração daquele nível, e no momento seguinte tornam-se (se permanecerem como tal) um obstáculo ao processo de sua ascensão.

As Mônadas têm que mergulhar no Criador, e o fazem através dessa escalada.

Não vos deixeis influenciar por aparentes retrocessos, individuais ou grupais. Estais encarnados em corpos materiais. Buscai coligar-vos com vossas Mônadas. Fazei isso em vosso dia-a-dia, e avançai com determinação.

Haverá dias de grande paz para aqueles que escolheram o caminho do serviço e da integração ao Criador, e dias turbulentos para os que escolheram o gosto amargo da experiência material.

Um novo campo de tensão-harmonia-integração cósmica está se formando, e faz parte da operação de evacuação planetária. No nível monádico, podeis estar em sintonia com a vibração de diferentes REGÊNCIAS ESTELARES E GALÁTICAS que atuam em conjunto no processo de redenção e liberação da Terra. Campos especiais de energia são assim formados, com qualidade e intensidade vibratórias específicas, para servir de bolsões que atraiam e recolham os seres no processo de evacuação.

Esses bolsões estão sob o comando e o controle de Hierarquias específicas, e se integram no campo vibratório de Consciências Logóicas ou de naves.

Estais diante de um processo único, e deveis permanecer abertos para participar dele com lucidez. Não espereis ser resgatados como o vosso consciente esquerdo planeja e imagina. Trabalhai vossa entrega e desapegai-vos de expectativas.

É na percepção interna da integração superior que vosso ser se eleva e que acontece o resgate. A experiência no interior de nossas naves tornar-se-á consciente para vós, e isso faz parte do treinamento ao qual vos submeteis para ajudar vossos irmãos.

O contato consciente com nossos mensageiros também está previsto, e estamos vos avisando disso para que vossas células possam ir se adaptando à idéia e à vibração desse encontro. Não projeteis expectativas. O silêncio é a chave para o acesso à nossa presença, e é em vosso interior que abrireis o caminho para esse portal.

# 26

# A formação de um Ser como ESPELHO

Estais imersos numa órbita planetária que integra civilizações intraterrenas, extraterrestres e a de superfície. Tendes, pois, entre vós, membros de civilizações sutis que continuamente vos trabalham para a integração energética e para a harmonização vibratória.

Tendo consciência dos canais e aberturas magnéticas interdimensionais, podereis perceber que todo esse conjunto se interpenetra e se intercomunica continuamente. Evidente é a comunhão de raças, consciências e energias nos pontos onde o estabelecimento dessa ponte é também externamente assumido e efetivado.

O intercâmbio de diversos planos passa a ser uma realidade quando podeis, com a elevação do vosso estado, penetrar e tocar a essência interior que vos compõe.

A visão da unicidade e da concomitância da vida nos vários níveis de existência passa a ser vosso verdadeiro refúgio e expressão. Participando da formação e manifestação desses centros de confluência de energias e entregando-vos a um estado de Graça, vos mantereis na correta sintonia.

* * *

A Luz que se reflete no interior do Ser que está conectado com Fontes de Vida Superior permite que ele cumpra a tarefa que lhe foi destinada.

Os indivíduos que são Espelhos devem penetrar, como energia, todos os planos de consciência abaixo daquele no qual estão polarizados; devem também perceber a energia dos níveis que estão acima e que os atraem.

Na formação do Ser como ESPELHO várias etapas se sucedem:

Inicialmente um impulso, vindo dos níveis internos, prepara sua aura magnética de modo a permitir a aproximação de vibrações sutis. A chama acesa na Essência Interior do Ser que, sob instrução e condução das Hierarquias a ele coligadas, transmite ao consciente material o sopro de vida superior, leva-o nessa fase a desenvolver aspectos externos que correspondem à Luz que já se faz presente no íntimo de sua consciência.

Essa primeira etapa acontece com dois movimentos conjuntos: o interno, de despertar da Mônada para sua participação na vida cósmica; e o externo, de abertura do eu consciente para o contato com níveis mais profundos e superiores da própria existência.

A Mônada inspira aos veículos materiais a permanente busca de contato com vibrações que tragam à manifestação realidades internas. Os primeiros passos nessa direção são contatos com informações ou indivíduos que expressem mais amplamente essas realidades. O Ser vai se abrindo à participação consciente na vida interior.

Assim como um músico precisa aprender a lidar com um instrumento para com ele tocar, é necessária uma preparação para se ouvir a Voz do Pai no próprio interior.

Numa etapa posterior, é alimentada mais conscientemente a chama da devoção, já então acesa. A busca da união com uma vida superior arderá no coração do indivíduo e ele perceberá abrir-se o intercâmbio energético, perceberá acontecer a comunicação entre os níveis imateriais da existência e a consciência material.

As mensagens, imagens ou percepções que puderem ser captadas através dos sentidos, não serão mais que a plasmação de um impulso que não tem forma, mas que descerá aos planos materiais, trazendo a energia necessária a indivíduos, a grupos, ao planeta e ao Universo.

O contato com Fontes puras e reais será benéfico para todos; essa atuação será semelhante à de um pedregulho ao cair dentro de um lago: do ponto onde esse contato se der, assim como ocorre quando a superfície da água é tocada, partirão ondas em todas as direções.

Através do intercâmbio energético já formado entre a vida material e a Essência Interior, chegará diretamente à consciência do indivíduo a vibração dos mundos internos. Ele deve zelar por esse contato como se fora um tesouro. Sua aspiração sempre acesa, sua entrega, é o que a manterá aberta. Daí virá a orientação interna, a energia e a força de que ele necessita para os passos que devem ser dados.

A constante devoção por esse caminho acende a chama do Altar interno, para que possa ser recebida a visita do Senhor. Um Espelho é a própria manifestação dessa chama. Ao expressá-la em seu caminhar, irá transmutando níveis vibratórios inferiores que ao serem tocados por energias potentes, esvaziam-se e elevam-se. Os corpúsculos de luz, consciência ONO-ZONE*, presentes nos níveis em que atua o Espelho, ao contatarem tal energia multiplicam-se, irradiando assim graus de vibração ainda mais elevados e luminosos. Ele passa a ser uma tocha que vem alimentar ou mesmo atiçar o Fogo da vida divina no coração dos seus irmãos.

Um trabalho ainda mais profundo ocorre quando a energia da consciência individual se funde à energia de uma Hierarquia. Essa etapa pode ou não realizar-se nos planos materiais.

* * *

A nave de SAMANA está diante de vós. Traz em si elementos que vos permitirão ingressar definitivamente na linha cósmica dos filhos de Deus, tornando-vos defensores e irradiadores da Luz Maior do Conselho Celeste.

Se fordes capazes de vos mover no mundo sem vos envolver com ele, podereis ser refletores da nossa Luz. Se fordes capazes de ver em vossos irmãos a Luz do Supremo, podereis atuar como nossos Espelhos. Se fordes capazes de deslocar vossa consciência em consonância com os impulsos que vos enviarmos, podereis ser nossos mensageiros no mundo das formas e da ilusão. Tereis de estar libertos de apegos e de preferências, antes de ingressardes no Grande Manancial que a tudo alimenta.

*** ONO-ZONE: Energia do Universo, usada pelos extraterrestres e pelos intraterrenos.**

Conforme está escrito, se cumprirá. Como foi anunciado, estão se desenvolvendo os fatos do vosso mundo exterior. Atentai para os sinais, e segui as indicações que vos damos. O trabalho real de um Espelho é refletir a Luz dos mundos internos, e podereis realizar isso como fruto da vossa entrega.

Já vos foi dito: o processo é espiritual. Não é para buscar só os padrões da Terra, mas, principalmente, os dos mundos superiores. As portas estão abertas. Não está evidente?

# Livros de Trigueirinho

## 1987

- NOSSA VIDA NOS SONHOS
- A ENERGIA DOS RAIOS EM NOSSA VIDA

## 1988

- DO IRREAL AO REAL
- HORA DE CRESCER INTERIORMENTE — O Mito de Hércules Hoje
- A MORTE SEM MEDO E SEM CULPA
- CAMINHOS PARA A CURA INTERIOR

## 1989

- ERKS — Mundo Interno
- MIZ TLI TLAN — Um Mundo que Desperta
- AURORA — Essência Cósmica Curadora
- SINAIS DE CONTATO
- O NOVO COMEÇO DO MUNDO
- A QUINTA RAÇA
- PADRÕES DE CONDUTA PARA A NOVA HUMANIDADE
- NOVOS SINAIS DE CONTATO
- OS JARDINEIROS DO ESPAÇO

## 1990

- A BUSCA DA SÍNTESE
- A NAVE DE NOÉ
- TEMPO DE RETIRO E TEMPO DE VIGÍLIA

## 1991

- PORTAS DO COSMOS
- ENCONTRO INTERNO (A Consciência-Nave)
- A HORA DO RESGATE
- O LIVRO DOS SINAIS
- MIRNA JAD — Santuário Interior
- AS CHAVES DE OURO

## 1992

- DAS LUTAS À PAZ
- A MORADA DOS ELÍSIOS
- HORA DE CURAR (A Existência Oculta)
- O RESSURGIMENTO DE FÁTIMA (Lis)
- HISTÓRIA ESCRITA NOS ESPELHOS — Princípios de Comunicação Cósmica
- PASSOS ATUAIS
- VIAGEM POR MUNDOS SUTIS
- SEGREDOS DESVELADOS (Iberah e Anu Tea)
- A CRIAÇÃO (Nos Caminhos da Energia)
- O MISTÉRIO DA CRUZ NA ATUAL TRANSIÇÃO PLANETÁRIA
- O NASCIMENTO DA HUMANIDADE FUTURA

## 1993

- AOS QUE DESPERTAM
- PAZ INTERNA EM TEMPOS CRÍTICOS
- A FORMAÇÃO DE CURADORES
- PROFECIAIS AOS QUE NÃO TEMEM DIZER SIM
- A VOZ DE AMHAJ
- O VISITANTE — O Caminho para Anu Tea
- A CURA DA HUMANIDADE
- OS NÚMEROS E A VIDA — Uma Nova Compreensão da Simbologia Oculta nos Números
- NISKALKAT — Uma Mensagem para os Tempos de Emergência

- ENCONTROS COM A PAZ
- NOVOS ORÁCULOS
- UM NOVO IMPULSO ASTROLÓGICO

## 1994

- CONFINS DO UNIVERSO — Novas Revelações sobre a Ciência Oculta (em preparo)
- BASES DO MUNDO ARDENTE — Indicações para Contato com os Mundos Suprafísicos
- CONTATOS COM UM MONASTÉRIO INTRATERRENO
- OS OCEANOS TÊM OUVIDOS
- A TRAJETÓRIA DO FOGO
- GLOSSÁRIO ESOTÉRICO

## 1995

- A LUZ DENTRO DE TI

## 1996

- PORTAL PARA UM REINO
- ALÉM DO CARMA

## 1997

- NÃO ESTAMOS SÓS
- VENTOS DO ESPÍRITO
- O ENCONTRO DO TEMPLO
- A PAZ EXISTE

## 1998

- CAMINHO SEM SOMBRAS
- MENSAGENS PARA UMA VIDA DE HARMONIA

## 1999

- TOQUE DIVINO
- COLEÇÃO PEDAÇOS DE CÉU
  - AROMAS DO ESPAÇO
  - NOVA VIDA BATE À PORTA

- MAIS LUZ NO HORIZONTE
- O CAMPANÁRIO CÓSMICO
- NADA NOS FALTA
- SAGRADOS MISTÉRIOS
- ILHAS DE SALVAÇÃO

## 2003

- UM CHAMADO ESPECIAL

Antologia de obras de Trigueirinho lançada em quatro idiomas. Em inglês: *Calling Humanity* / Em espanhol: *Un Llamado a la Humanidad* / Em francês: *Un Appel à L'Humanité.*

## 2004

- ÉS VIAJANTE CÓSMICO
- IMPULSOS

## 2006

- TRABALHO ESPIRITUAL COM A MENTE

## 2009

- SINAIS DE BLAVATSKY – Um inusitado encontro nos dias de hoje

Publicados pela Editora Pensamento, São Paulo/SP, Brasil.

Toda a obra de Trigueirinho está editada também em espanhol pela Editorial Kier, Buenos Aires, Argentina.

Alguns livros do autor estão sendo editados em inglês pela Associação Irdin Editora, Carmo da Cachoeira/MG, Brasil, e em francês por Les Éditions Vesica Piscis, Granada, Espanha.

# TRILOGIA DAS CIVILIZAÇÕES INTRATERRENAS

## ERKS

MUNDO INTERNO

*Há cerca de 20 mil anos ERKS vem se consagrando a ajudar a superfície da Terra, agora em sua fase mais crítica.*

## MIZ TLI TLAN

*Um Mundo que Desperta*

*A civilização intraterrena que se encarrega da reforma genética no homem da superfície da Terra, apresentada pela primeira vez.*

## AURORA

**Essência Cósmica Curadora**

*A cidade intraterrena que se ocupa da introdução da cura cósmica na próxima era do planeta.*

# A QUINTA RAÇA

*Trigueirinho*

Este livro trata das realidades da nova raça que viverá na superfície da Terra após os fatos globais que a transformarão. É o surpreendente relato do final de uma civilização e do início de uma outra que está para aparecer, tendo como protagonistas os Conselhos Interplanetários, as naves-laboratório e os seres que se encarregam da evacuação dos que vão deixar este planeta para serem temporariamente transladados para outros mundos.

As informações nele contidas provêm dos três maiores centros planetários de captação e irradiação de energia e revelam a existência de um projeto intergalático preparado em torno e no interior da Terra, que provê a operação-resgate de todos os que reclamam por uma vida dentro de leis superiores e de justiça.

Todas as áreas da superfície da Terra já se encontram sob controle, e aqueles que nos auxiliam nessa transição recomendam que nos dediquemos por inteiro à tarefa de estabelecer contato com mundos, seres e metas suprafísicas.

É uma leitura que complementa os livros anteriores publicados sob a responsabilidade de Trigueirinho, ampliando-os grandemente.

EDITORA PENSAMENTO

# Padrões de Conduta para a Nova Humanidade

Trigueirinho

Os Papiros da Verdade foram ocultados dos olhos desta civilização e as informações foram manipuladas, diz este livro corajoso. Povos inteiros conservaram-se na ignorância por vontade de uns poucos e grande é a responsabilidade destes últimos.

Na raça atual, os homens sábios não podem ainda falar; permanecem ocultos, embora estejam entre nós. Agem em silêncio, em sintonia com os Irmãos do Cosmos, voltados também para a tarefa de aumentar o coeficiente intelectual da humanidade, o que é feito através de um trabalho profundo, que um dia todos conhecerão.

EDITORA PENSAMENTO

# Os Jardineiros do Espaço

Trigueirinho

Os futuros padrões de conduta nada terão a ver com os atuais. Já no momento presente, almas de desenvolvimento superior aguardam a instalação do novo ciclo de vida terrestre, sob outras leis, para descerem à encarnação. A atual civilização será transcendida. Em seu lugar haverá outra, regida pelo novo código genético e possuidora de um campo sono-cosmo-medular desenvolvido.

Essa realidade não está distante.

Este livro revela qual a tarefa dos seres e das energias intergaláticas na introdução da nova lei do nascimento físico a implantar-se na Terra após a purificação global.

EDITORA PENSAMENTO

# A NAVE DE NOÉ

**TRIGUEIRINHO**

Um grande estímulo à capacidade intuitiva do leitor, através de revelações quanto ao que se passará nas espaçonaves intergaláticas que se encarregarão de ajudar o planeta Terra em sua atual fase de transição. As novas situações que o homem viverá, o que ele precisará trabalhar em si próprio para viver em uma nova e futura civilização, e o surpreendente relato dos acontecimentos no dilúvio que envolveu a Atlântida, o continente desaparecido. Noé, Platão, Apolônio de Tiana e outros personagens universalmente amados, indagações sobre importantes temas da atualidade e informações inéditas sobre o preparo das operações-resgate que, segundo o autor, serão iminentes no planeta Terra.

Após uma série de livros que culminaram com *A BUSCA DA SÍNTESE*, o autor reabre um diálogo com os leitores, agora, porém, em nível ainda mais sutil, buscando um clima imaterial para se compreender e conviver com as novas leis que regerão a Terra.

# O NOVO COMEÇO DO MUNDO

*Trigueirinho*

Após ter publicado outros livros de Trigueirinho, a Editora Pensamento apresenta agora um trabalho que aborda, sob a ótica das idéias que o autor vem aprofundando, o tema da energia monetária diante da mudança genética no homem. Em poucos dias o livro ficou pronto, tal foi a ajuda interna e externa que o autor encontrou – sinal de que o assunto corresponde à necessidade dos que procuram conhecer uma realidade maior, neste momento crítico da civilização atual.

Este livro trata também do desafio que hoje se apresenta aos que se encontram na expectativa de que surjam novos padrões de vida, neste importante momento de mudança de ciclo. Seu conteúdo origina-se de várias fontes históricas, bem como de conhecimentos supraconscientes transmitidos ao autor a partir do momento em que ele se dispôs a encarar os assuntos deste mundo sob um ângulo mais vasto e profundo do que o comum.



EDITORA PENSAMENTO